부인필지

부인필지

빙허각 이씨 원저

이효지 · 한복려 · 정길자 · 조신호 · 정낙원
김현숙 · 최영진 · 김은미 · 원선임 · 차경희 편역

(주)교 문 사

머리말

《부인필지》는 을묘년(1915)에 쓰여진 필사본이다. 빙허각 이씨 원저의 《규합총서》가 《간본규합총서》 요약본으로 편찬되었고, 이것이 다시 《부인필지》로 필사된 것으로 전해진다. 《규합총서》의 내용 중 가정생활에 필요한 것을 간추린 《간본규합총서》보다 더 광범위하게 명월관냉면이나 명월생치채 등 당시의 유명 외식업소의 방법을 함께 실어 사회변천에 따른 내용이 추가되어 있다.

《부인필지》의 원본은 현재 서울대학교와 양사동(養士洞) 김씨(金氏)가 소장하고 있으며, 한글 필사본(筆寫本)으로 상하 2권 1책으로 32매(枚)이다. 책의 크기는 25.5×16.5cm이고, 무괘(無罫), 매(毎) 반엽(半葉) 12행(行)이다. 표지에는 '부녀필지단(婦女必知單)' 이라 되어 있고, 목차에는 한글로 부인필지, 한자로 '夫人必知' 와 '婦人弼支' 로 쓰여 있다. 1969년 상문각에서 영인(影印)·반포(頒布)하였다.

원저자인 빙허각 이씨는 본(本)이 전주로 판돈령부사(判敦寧府事)를 지낸 문헌공(文獻公) 이창수(李昌壽)의 딸이며, 그의 어머니는 《언문지(言文志)》의 저자인 유희(柳僖)의 고모이다. 영조 35년(1759)에 서울에서 출생하여 순조 24년(1824)에 사망하였다. 어려서부터 총명함이 남달랐으며, 15세에 이미 글쓰기와 한문에 능하였다고 한다. 조선 최고의 실학자 집안인 서유본(徐有本)에게 출가하여 그 학문의 폭을 더욱 넓혔는데, 조선 최고의 석학인 시동생 서유구(徐有榘)가 어렸을 때 글을 가르치기도 했다고 한다.

우리나라의 음식문화사 연구에서 서유구의 집안을 빼놓고 이야기할 수 없다. 며느리인 빙허각 이씨는 《규합총서(閨閤叢書)》, 그의 시아버지 서호수(徐浩修)는 《해동농서(海東農書)》, 시조부 서명응(徐命膺)은 《고사신서(攷事新書)》, 시동생 서유구는 《행포지(杏蒲志)》, 《옹희잡지(饔饎雜志)》, 《금화경독기(金華耕讀記)》, 《종저보(種藷譜)》, 《임원십육지(林園十六志)》 등을 남겨 우리나라 음식문화 연구의 뼈대를 갖추는 데 공헌하였다.

"밥 먹기는 봄같이 하고, 국 먹기는 여름같이 하고, 장 먹기는 가을같이 하고, 술 먹기는 겨울같이 하라 하니 밥은 따뜻하고, 국은 뜨겁고, 장은 서늘하고, 술은 찬 것이어야 한다." 《부인필지》는 이 문장으로 시작된다. 이보다 한국음식을 더 잘 설명한 것이 있을까? 우리 음식을 공부하면 할수록 이 표현에 감탄하게 된다. 우리 음식은 밥을 주식으로 하며, 국을 기본으로 하는 다양한 찬물

(饌物)이 있다. 우리 땅은 사계절이 있어 계절마다 다른 산물(産物)이 생산되니 자연스럽게 발효음식이 발달되어 양념의 기본이 되는 장(醬)과 풍류를 더할 수 있는 술(酒)이 있다. 이들의 맛을 제대로 내기 위해선 그마다의 온도를 유지해야 비로소 독특한 본연의 맛을 즐길 수 있는데, 이를 계절에 비유하여 누구라도 고개를 끄덕여 이해할 수 있게 하니 참 멋지다. 또한 "대체로 음식은 생명을 공양하고 신도를 흠향하는 것이고, 정결하지 못하면 마땅치 않은 것이니 사치스럽고자 하는 것이 아니라 정성을 이르고자 함이다." 하여 음식을 대하는 마음가짐을 바르게 할 것을 권고하고, 음식을 준비하는 사람과 그것을 먹는 사람이 소홀함이 없도록 당부도 잊지 않았다.

《부인필지》는 1996년에 한양대학교 부설 한국생활과학연구소 논문집 제14집에 번역문이 발표되었고, 〈부인필지의 조리과학적 고찰〉이라는 논문이 한국식생활문화학회지 11권 3호에 이미 게재된 바 있다. 이것을 우리음식지킴이회의 여러 회원들이 공부하면서 수정보완하고 음식을 재현하였다. 우리음식지킴이회는 필자와 제자들이 모여 한국전통 음식문화를 공부하는 모임이다. 10여 년 동안 음식 관련 고문헌을 공부하며, 한국식품조리과학회지에 학술논문을 발표하였고, 《시의전서》와 《임원십육지》 등을 현대어로 번역, 단행본으로 출간하였으며 〈조선시대 조리서에 나타난 식문화원형개발〉을 디지털 문화 콘텐츠로 제작하기도 하였다.

《부인필지》의 상권에는 약주제품, 장초제품, 반죽제품, 다품, 침채제품, 어육품, 상극류, 채소류, 병과류 등의 음식과 과채수장법, 여러 가지 과일의 독, 여러 가지 기름수취법 등 음식에 관한 내용이 수록되어 있다. 하권에는 의복, 방적, 잠상, 도침법, 세의법, 좀 못 먹게 하는 법, 수 놓는 법, 사물, 물류상감 등 일상생활에 필요한 내용이 서술되어 있다.

이 책에서는 《부인필지》 상권의 음식 부분만을 다루었다. 먼저 상권에 기록된 음식 중 주식류 6종, 찬물류 27종, 떡류 19종, 과정류 13종, 음청류 7종 등 총 72종을 재현하여 음식 사진과 조리법을 제시하였다. 다음으로 한글 고어로 필사된 원문을 현대어로 번역하여 싣고, 추가 설명이 필요한 부분은 주를 달아 이해를 돕도록 하였다. 마지막으로 《부인필지》를 조리과학적으로 분석한 논문을 다시 검토하고, 《규합총서》 및 《간본규합총서》와 함께 비교하여 고찰하였다.

이 책의 발간을 위해 많은 노력을 기울였으나 아직도 공부가 부족하여 바르지 못한 해석과 재현된 음식에 오류가 없지 않을 것이다. 후학들이 끊임없는 연구로써 바로 잡을 수 있기를 바라며, 한국음식연구에 작은 보탬이 되기를 기대한다. 이 책의 출간을 기꺼이 허락해 주신 (주)교문사의 류제동 사장님과 양계성 상무님께 감사드리며, 꼼꼼한 교정으로 아름다운 책이 될 수 있도록 도와준 편집부 여러분께도 진심으로 감사를 드린다.

2010년 1월
대표저자 이효지

차례

제1부 부인필지 음식 재현

제2부 부인필지 원문과 번역본

국립문화재연구소, 〈선묘조제재경수연도〉 화첩 중 제2면

제1부

부인필지

음식 재현

제1장

주식류

팥물밥

재료 및 분량

붉은팥 1/2컵(80g) | 물 $2\frac{1}{2}$컵(500mL) | 멥쌀 $2\frac{1}{4}$컵(360g) | 팥 삶은 물 2컵(400mL)

만드는 방법

1. 붉은팥은 씻어 일어서 냄비에 넣고 팥이 잠길 정도의 물을 붓고 한소끔 끓인 후 그 물을 따라 버린다.
2. 팥에 새 물 2컵 반을 넣고 삶은 다음 팥은 건져 낸다.
3. 멥쌀은 깨끗이 씻어 30분 정도 불려 둔다.
4. 불린 쌀에 팥물을 넣고 밥을 짓는다.

팥 죽

재료 및 분량

붉은팥 2컵(320g) | 대추 20개(70g) | 물 10컵(2L)

새알심 : 찹쌀가루 1컵(100g), 생강즙 2작은술(10mL), 끓는 물 1큰술(15mL), 소금 약간

만드는 방법

1. 붉은팥은 씻어 일어서 냄비에 넣고 팥이 잠길 정도의 물을 붓고 한소끔 끓인 후 그 물을 따라 버린다.
2. 팥에 물 10컵을 붓고 대추를 넣어 2시간 정도 푹 무르게 삶은 후 고운체에 거른다.
3. 새알심은 찹쌀가루에 생강즙을 넣어 골고루 섞은 후 소금을 약간 넣고 끓는 물로 반죽하여 직경 1.5cm 크기로 빚는다.
4. 걸러 둔 팥앙금을 냄비에 넣고 끓이다가 새알심을 넣고 저으면서 끓이는데 새알심이 떠오르면 불을 끈다.

약밥

재료 및 분량

찹쌀 5컵(800g) | 대추 50개(2.5컵) | 깐 밤 10개(140g) | 꿀 10큰술(200g) | 참기름 4½큰술 | 진간장 3큰술
찹쌀가루 1큰술(12g) | 대추 삶은 물 3큰술(45mL)

만드는 방법

1. 찹쌀은 깨끗이 씻어 4~6시간 정도 불렸다가 찌면서 물을 주어 충분히 찐다.
2. 대추는 씨를 발라 3~4등분하고, 밤은 4~6등분한다.
3. 찹쌀이 쪄지면 뜨거울 때 꺼내어 더운 김에 꿀, 참기름, 진간장을 고루 섞는다.
4. 3에 대추와 밤의 1/2 분량을 고루 섞고 나머지 1/2 분량은 시루에 안치면서 사이사이에 뿌린다. 찹쌀가루로 위를 덮고 뜨거운 솥에서 1시간 정도 찐다.
5. 대추 삶은 물을 조금 뿌려 40분 정도 더 찐다.

참고사항

- 찹쌀은 오래 담가 두면 질어지니 한나절만 담가 둔다.
- 곶감을 넣으면 맛이 떫다.

타락죽

재료 및 분량

멥쌀 1컵(160g) | 우유 3컵(600mL) | 물 3컵(600mL)

만드는 방법

1. 멥쌀을 4~6시간 정도 물에 담가 불렸다가 건진다.
2. 불린 멥쌀에 분량의 물 중 일부를 넣고 블렌더에 무거리가 없도록 곱게 간다.
3. 냄비에 곱게 간 멥쌀과 나머지 물을 1 : 1 비율로 넣고 죽을 끓인다.
4. 죽이 잘 퍼지면 앞에 넣은 물과 동량의 우유를 넣어 저은 후 끓어오르면 불을 끈다.

참고사항

무거리

- 마른 무거리 : 곡식 따위를 절구에 빻아 체에 쳐서 가루를 내고 남은 찌꺼기
- 진 무거리 : 불린 곡식을 블렌더에 갈아 체에 거르고 남은 찌꺼기

《규합총서》에는 묽고 되기는 잣죽 무리만큼 하여 먼저 쑤다가 반쯤 익으면 우유를 넣는다고 하였다.

명월관냉면

재료 및 분량

마른 메밀국수 640g(160g/1인분) | 돼지고기(목살) 200g | 무 200g | 배 1/2개 | 유자 1개 | 달걀 1개 | 잣 1작은술(20알)
후춧가루 1/4작은술 | 소금 1작은술 | 동치밋국 6컵(1,200mL)(1½컵/1인분) | 생강 1톨 | 된장 1작은술

만드는 방법

1. 돼지고기는 덩어리째 씻어서 끓는 물에 생강과 된장을 함께 넣고 삶는다. 꼬챙이로 찔러 보아 피가 나오지 않을 때까지 삶은 후 고기는 건진다. 젖은 면포에 고기를 싸서 무거운 돌로 눌러 모양을 잡은 다음 얄팍하게 썬다.
2. 무는 2×5×0.3cm로 썰어 소금에 절인다.
3. 배는 껍질을 벗겨 속을 발라내고 얇게 썬다.
4. 유자는 껍질 부분만 얇게 채 썬다.
5. 달걀은 황·백으로 나누어 지단을 얇게 부쳐 4cm 길이로 채 썬다.
6. 잣은 고깔을 떼고 준비한다.
7. 국수는 물이 펄펄 끓을 때 넣어 뚜껑을 열고, 젓가락으로 저어 가며 삶아 더운물에 빨리 헹구어 1인분씩 사리를 짓는다.
8. 삶아 놓은 국수를 그릇에 담고, 돼지고기 편육, 무, 배, 유자 껍질 채, 달걀지단을 얹는다. 차게 해둔 동치밋국을 붓는다.

참고사항

- 원문에 국수라고만 되어 있어서 어떤 국수인지 확실히 알 수는 없다. 그러나 밀국수나 메밀국수가 아닌, 메밀과 녹말을 섞어서 만든 쫄깃한 느낌의 국수라고 생각된다.
- 푸른색의 고명이 없어 아쉬우나 유자 향이 좋은 겨울철 별미이다.

국수비빔

재료 및 분량

국수 640g(160g/1인분) | 쇠고기(양지머리) 150g | 돼지고기(목살) 150g | 쇠고기(우둔) 150g | 불린 해삼(중) 1마리
배 1/2개 | 생강 2쪽 | 마른 표고버섯(중) 6개 | 미나리 100g | 실파 3줄기 | 통잣 20알 | 콩기름 2작은술 | 파 1줄기
마늘 3쪽 | 생강 1톨 | 통후추 1작은술

완자 양념 : 간장 1큰술, 설탕 1/2큰술, 참기름 1/2작은술, 깨소금 1/2작은술, 후춧가루 1/8작은술
표고 양념 : 간장 2작은술, 설탕 1작은술, 참기름 1작은술
비빔 양념 : 간장 3큰술, 깨소금 2큰술, 후춧가루 1/8작은술
초장 : 간장 1큰술, 식초 1큰술, 설탕 1큰술

만드는 방법

1. 쇠고기(양지머리)와 돼지고기는 덩어리째 씻어서 끓는 물에 파, 마늘, 생강, 통후추를 함께 넣고 삶는다. 꼬챙이로 찔러 보아 피가 나오지 않을 때까지 삶은 후, 고기를 면포에 싸서 무거운 돌로 눌러 모양을 잡은 후 0.2cm 두께로 얄팍하게 썬다.
2. 불린 해삼은 내장을 깨끗하게 제거하고 해삼의 모양을 살려서 0.2cm 두께로 얇게 저민다.
3. 쇠고기(우둔)는 곱게 다져서 완자 양념을 넣고 주물러 양념을 하고, 지름 1.5cm 정도가 되도록 둥글게 완자를 빚을 때 통잣을 하나씩 넣는다. 뜨거운 팬에 기름을 두르고 완자를 넣어 굴려 가며 익힌다.
4. 마른 표고버섯은 물에 불려서 기둥을 떼고 물기를 꼭 짠 후 곱게 채 썰어 표고 양념을 한다.
5. 배는 껍질을 벗겨 채 썬다.
6. 생강은 껍질을 벗기고 채 썰어 볶는다.
7. 파는 4cm 길이로 채 썰어 프라이팬에 기름을 두르고 살짝 볶는다.
8. 미나리는 잎을 떼고 다듬어 끓는 물에 소금을 넣고 재빨리 데친 후 더운물에 헹구고, 물기를 꼭 짜서 4cm 길이로 썬다.
9. 국수는 물이 펄펄 끓을 때 넣고, 젓가락으로 저어 가며 삶아 심이 약간 남아 있을 때 건져서 더운물에 빨리 헹군다.
10. 준비해 둔 고기, 해삼, 배, 생강, 표고버섯, 미나리, 파를 한데 합하고 잣, 깨소금, 후춧가루를 뿌려 국수에 넣어 비빈다. 초장을 곁들이면 더욱 맛이 좋다.

참고사항

원문의 기록만으로는 국수가 밀국수인지 메밀국수인지 정확히 알 수 없으나, 본 책에서는 밀국수로 재현하였다.

제2장

찬물류

완자탕

재료 및 분량

흰살생선 150g | 쇠고기(우둔) 100g | 잣 1큰술(10g) | 달걀 1개(또는 녹말 3큰술) | 청장 1작은술 | 소금 약간

양념 : 청장 2작은술, 소금 1/3작은술, 참기름 1작은술, 다진 생강 1/4작은술, 후춧가루 약간

국물 : 쇠고기(양지머리) 100g, 물 5컵(1L)

만드는 방법

1. 국물용 쇠고기는 납작하게 썰어 물을 붓고 맑은 장국으로 끓인다.
2. 흰살생선은 껍질을 벗기고, 뼈와 가시를 제거하여 곱게 다진다.
3. 쇠고기는 곱게 다진다.
4. 2와 3을 합하여 양념을 넣고 잘 섞은 후 밤알 크기로 빚어 속에 잣을 하나씩 박는다.
5. 빚은 완자에 달걀물을 씌워 1의 끓는 장국에 넣는다(빚은 완자에 녹말을 씌워 끓이기도 한다).
6. 장국이 끓어 완자가 떠오르면 청장과 소금으로 간을 맞춘다.

참고사항

- 흰살생선은 대구, 민어, 동태 등을 사용한다. 쇠고기 대신 꿩고기, 닭고기, 돼지고기를 사용해도 좋다.
- 요즘은 실파를 넣어 푸른색을 내거나 달걀 황·백지단을 고명으로 얹기도 하는데, 본 책에 이런 내용은 없다.
- 달걀을 씌워 끓일 때 빚은 완자를 밀가루에 살짝 굴려 주면 달걀물이 잘 씌워진다.

복어탕

재료 및 분량

복어 1마리(복어살 300g) | 미나리 30g | 물 5컵(1L) | 참기름 2큰술 | 백반 10g | 청장 2큰술

만드는 방법

1. 복어의 내장을 없애고, 가로 세로로 있는 핏줄을 하나도 남김없이 말끔히 제거한 다음 여러 번 씻어 굵게 토막 낸다.
2. 미나리는 잎을 떼어 내고 줄기 부분을 5cm 길이로 썬다.
3. 손질한 복어를 냄비에 담고 물, 참기름과 백반을 넣고 끓인다.
4. 한소끔 끓어오르면 썰어 놓은 미나리를 넣고, 청장으로 간을 맞춘다.

참고사항

원문에 이름은 없으나 조리법에 의하여 복어탕이라 하였다. 조리 시 곤쟁이젓을 넣으면 복어의 독이 없어진다고 한다. 또한 백반을 넣으면 복어의 미끈미끈한 것이 없어지고 살이 단단해진다. 복어 1마리를 머리와 내장을 제거하고, 살만 손질하니 300g이 나왔다. 복어살은 썰기가 어려우니 잘 드는 칼로 썬다.

열구자탕 | 신선로

재료 및 분량

꿩고기 50g | 닭고기 50g | 돼지고기(등심) 50g | 쇠고기(우둔) 50g | 해삼 30g | 전복 30g | 대하 50g | 순무 20g | 미나리 10g | 도라지 15g | 파 15g | 표고버섯 30g | 양 30g | 천엽 30g | 부아 20g | 곤자소니 20g | 흰살생선 50g | 후춧가루 1/8작은술 | 기름 3큰술 | 달걀 5개(지짐용 3개, 지단용 2개) | 간장 1/4작은술

백전병 : 찹쌀가루 1/2컵, 물 1½큰술, 기름 1큰술

면(국수) 80g

주악 : 찹쌀가루 1/2컵, 물 1½큰술, 꿩고기 20g
육수 : 돼지고기(목살) 50g, 쇠고기(양지머리) 50g, 간장 1/2큰술, 소금 1/4작은술
고명 : 은행 30g, 잣 10g, 대추 30g, 밤 30g, 배 1/4쪽(40g), 귤 1개(20g)

만드는 방법

1. 꿩고기, 닭고기, 돼지고기, 쇠고기, 해삼, 전복, 대하, 순무, 미나리, 도라지, 파, 표고버섯을 신선로 틀길이에 맞추어 골패쪽썰기로 썬다.
2. 1을 볶아 오색으로 색을 맞추어 신선로 틀에 옆옆이 담는다.
3. 양, 천엽, 부아, 곤자소니는 삶아 신선로 틀 길이에 맞추어 썬다.
4. 흰살생선은 전유어로 부친 후 신선로 틀 길이에 맞추어 골패쪽썰기로 썬다.
5. 달걀은 황・백으로 나누어 간장으로 간을 하고 지단을 각각 부쳐 골패쪽썰기로 썬다.
6. 찹쌀가루에 뜨거운 물을 넣고 익반죽하여 납작하게 빚어서 기름을 두른 팬에서 약불로 앞뒤를 익혀 백전병을 지져 낸다.
7. 국수는 삶아 둔다.
8. 찹쌀가루는 물로 반죽하여 꿩고기 소를 넣고 주악을 빚는다.
9. 육수는 돼지고기, 쇠고기를 삶아 만들고, 간장으로 색을 내고 소금으로 간한다.
10. 화통에 숯불을 피워 육수가 끓거든 백전병과 면과 주악을 넣고, 후춧가루를 뿌린다.
11. 은행, 잣, 대추, 밤, 배, 귤을 놓는다.

참고사항

본 책의 열구자탕은 배와 귤이 들어간 것에 그 차이가 있으며, 귤이 흔하지 않은 시기라 귀한 음식임을 상징하는 것으로 추측된다. 열구자탕에 들어가는 재료는 대부분 골패모양으로 준비하는데, 《부인필지》에는 모두 작게 썬다고 기록되어 있다.

송이찜

재료 및 분량

송이 10개 | 쇠고기(우둔) 50g | 돼지고기(목살) 50g | 두부 30g

소 양념 : 간장 1큰술, 다진 파 2작은술, 깨소금 1/2작은술, 참기름 1작은술, 후춧가루 약간

밀가루 2큰술 | 달걀 1개 | 콩기름 3큰술

국물 : 육수 1컵(200mL), 밀가루 2큰술, 달걀 1개
고명 : 달걀 1개, 잣가루 10g, 후춧가루 약간

만드는 방법

1. 송이는 깨끗이 손질하여 송이 길이로 얇게 저민다.
2. 쇠고기와 돼지고기는 다지고, 두부는 으깨어 면포에 싸 물기를 꼭 짜서 합하고 이를 양념하여 소를 만든다.
3. 저민 송이 한 면에 밀가루를 묻혀 2의 소를 얇게 펴 넣고, 송이 한쪽을 맞붙인다.
4. 3의 송이에 밀가루와 달걀을 씌워 기름에 지진다.
5. 육수에 밀가루를 풀어 넣고 달걀을 넣어 끓으면 4의 송이를 넣는다.
6. 그릇에 담고 달걀지단 채 썬 것과 잣가루, 후춧가루를 뿌린다.

참고사항

원문에는 꾸미와 달걀과 밀가루를 넣고 국을 끓인다고 되어 있으나, 본 책에서는 미리 육수를 끓여 사용하였다.

붕어찜

재료 및 분량

붕어 4마리(600g) | 녹말 4큰술 | 백반 4조각(20g) | 식초 4큰술 | 물 3/4컵(150mL) | 참기름 4큰술 | 간장 1½작은술 | 달걀 1개 | 밀가루 1⅓큰술(10g)

소 : 쇠고기(우둔) 100g, 두부 30g, 간장 1큰술, 다진 파 1작은술, 깨소금 1/2작은술, 후춧가루 약간

만드는 방법

1. 붕어의 비늘을 긁고 내장을 빼낸 후 깨끗이 씻어 물기를 닦고 등을 가른다.
2. 쇠고기는 살코기로 곱게 다지고, 두부는 면포에 싸서 물기를 짜고 으깬다.
3. 2에 간장, 다진 파, 깨소금, 후춧가루를 넣고 양념하여 소를 만든다.
4. 붕어의 배 속에 녹말을 뿌린 후 3의 소를 넣고, 다시 녹말을 뿌려 갈라진 등을 붙인 후 입 안에 백반 조각을 끼우고 겉 표면에 식초를 뿌려 실로 동여맨다.
5. 바닥이 두꺼운 냄비에 4와 물, 참기름, 간장을 넣고 끓인다.
6. 붕어가 다 익으면 달걀을 푼 후 끓을 때 밀가루를 풀고 저어 주며 농도를 맞춘다.

참고사항

붕어에 식초를 뿌리는 것은 단백질을 응고시켜 살을 단단하게 하기 위함이다.

게 찜

재료 및 분량

게(꽃게) 2마리(게살 160g) | 달걀 2개 | 간장 1작은술 | 참기름 1작은술 | 파 1작은술 | 생강즙 1/4작은술 | 후춧가루 1/4작은술

만드는 방법

1. 게는 솔로 깨끗이 씻어서 딱지를 떼어 게의 누른 장과 검은 장을 각각 긁어내고 게살을 발라 낸다.
2. 게살과 누른 장에 달걀을 섞고, 간장과 참기름을 넣고 채 썬 파, 생강즙, 후춧가루를 잘 섞어 준다.
3. 게 껍데기에 참기름을 얇게 바른 후 2를 넣고 중탕한다.
4. 반쯤 익으면 검은 장에 참기름을 넣고, 3 위에 골고루 발라서 다시 중탕한다.
5. 달걀은 지단을 부쳐 채 썰어 고명으로 얹는다.
6. 중탕할 때 생긴 국물을 끼얹어 가며 먹는다.

생치구이

재료 및 분량

꿩 1마리(600g) | 참기름 3큰술 | 간장 1큰술

만드는 방법

1. 꿩고기는 각을 뜨고, 한지는 물에 적셔 꿩고기를 틈 없이 싼다.
2. 석쇠를 달군 후 한지에 싼 꿩을 반쯤 구워 익힌 후 한지를 벗겨 낸다.
3. 참기름과 간장 섞은 유장을 발라 다시 굽는다.

참고사항

'각을 뜨다' 라는 표현은 닭이나 꿩의 다리, 날개의 뼈마디를 꺾어 자르고, 고기를 일정한 크기로 떼어 냄을 말한다.

동아선

재료 및 분량

동아 400g | 참기름 4작은술

겨자즙 : 겨자 2작은술, 소금 1/4작은술, 꿀 1/2작은술

만드는 방법

1. 서리 맞은 동아를 2×5cm, 두께 0.5~07cm로 잘게 썬다.
2. 프라이팬에 기름을 두르고 낮은 온도에서 지진다.
3. 겨자, 소금, 꿀을 섞어 겨자즙을 만들어 곁들여 놓는다.

참고사항

- 겨잣가루는 40℃의 따뜻한 물에 되직하게 개어 냄비 뚜껑 위에 엎어 매콤한 맛이 나게 한다. 요즘은 가공된 겨자가 있어 편리하게 이용할 수 있다.
- 동아정과를 할 때는 동아를 석회에 담가 두는데 이는 수렴작용으로 색소를 고정하고 동아의 아삭아삭한 맛을 주기 위함이다.

전복다식

재료 및 분량

전복 10마리(전복살 말린 것 50g) | 물 1⅔큰술

만드는 방법

1. 전복을 잘 씻은 후 껍데기에서 떼어 내장을 제거하고 살만 분리한다.
2. 전복의 살을 잘게 다져서 실온에서 4~5일 말린 후 블렌더에 갈아 가루로 만든다.
3. 전복 가루에 물을 넣고 되직하게 반죽한다.
4. 다식판에 3을 넣고 꼭꼭 눌러 박아 낸다.

참고사항

원문에 제목이 없으나 조리법에 의하여 전복다식이라 하였다. 전복다식은 노인을 공양하는 음식으로 매우 좋다. 다식이지만 차와 함께 먹는 다식의 개념이 아니고 마른 찬에 속한다. 전복다식을 만들 때 물 대신 꿀과 거피한 실깨를 곱게 갈아 넣어 만들면 좋다. 전복 1마리를 말리면 다식 1개를 만들 수 있는 양이 나온다. 원문에서는 전복 모양의 다식판을 이용하여 만든다고 하였으나 본 책에서는 일반 다식판을 이용하여 만들었다.

전유화

재료 및 분량

흰살생선(명태) 200g | 소금 1큰술 | 후춧가루 1/4작은술 | 밀가루 약간 | 달걀 3개 | 참기름 1큰술 | 콩기름(식용유) 1큰술

만드는 방법

1. 흰살생선은 저며서 소금과 후춧가루를 뿌려 두었다가 밀가루를 묻힌다.
2. 달걀에 참기름과 소금을 넣고 푼다.
3. 팬을 약하게 달구고 기름을 두른 후 2를 생선 크기만큼 수저로 떠 붓고 달걀이 반 정도 익으면 그 위에 생선을 놓아 지진다.
4. 다른 한편에 2를 놓고 지져진 3의 생선을 뒤집어 그 위에 놓아 지진다.

참고사항

달걀을 묻혀 바로 지지면 빛이 검어 좋지 못하다.

생선게장전유화

재료 및 분량

게(꽃게) 5마리 | 흰살생선(명태) 100g | 참기름 3큰술 | 달걀 3개 | 소금 1작은술 | 후춧가루 1/8작은술 | 밀가루 약간
콩기름(식용유) 2큰술

만드는 방법

1. 게를 깨끗이 씻은 후 딱지를 떼어 게의 검은 장과 누른 장을 긁어낸다.
2. 게의 장에 참기름과 달걀을 섞어 푼다.
3. 흰살생선은 앞의 전유어와 같은 방법으로 부치고 그 위에 게의 장을 놓아 지진다.

참고사항

- 원문에는 음식의 이름이 없으나 조리법으로 보아 생선게장전유화라 하였다.
- 게장의 양이 적으므로 게의 살과 알을 함께 섞어 지져도 좋다. 원문에는 생선살 대신 꿩고기를 이용해도 좋다고 하였다. 본 책에서는 꽃게를 사용하였으나 당시에는 참게를 사용했으리라 생각된다.

화 채

재료 및 분량

숭어살 150g | 천엽 50g | 양 50g | 곤자소니(손질한 것) 50g | 허파 50g | 꿩고기(손질한 것) 100g | 돼지고기 100g
전복살 60g | 불린 해삼 50g | 대하 180g | 오이 20g | 표고버섯 40g | 석이버섯 3g | 미나리 10g | 파 10g
녹말 2컵 | 국화잎 10장 | 무 50g | 달걀 1개 | 생강 3g | 연지물 약간

만드는 방법

1. 숭어의 살을 1×3.5×0.5cm 정도로 얇게 저민 후 앞뒤로 녹말을 묻혀 끓는 물에 데쳐 더운물에 넣었다가 건진다.
2. 천엽, 양, 곤자소니, 허파는 삶아서 숭어살 크기로 썰어 녹말을 묻혀 끓는 물에 데쳐 더운물에 넣었다가 건진다.
3. 꿩고기, 돼지고기는 삶아서 모두 숭어살 크기로 썰어 녹말을 묻혀 끓는 물에 데쳐 더운물에 넣었다가 건진다.
4. 전복, 해삼은 잠깐 끓는 물에 데쳐 갸름하게 썰고, 대하는 반으로 잘라 녹말을 묻혀 끓는 물에 데쳐 더운물에 넣었다가 건진다.
5. 오이는 껍질을 두껍게 벗겨 1×3.5cm로 썰고, 표고버섯, 석이버섯은 같은 길이로 썰고, 미나리, 파는 3.5cm 길이로 썬다.
6. 국화잎은 녹말을 묻혀 한 잎씩 데쳐 낸다.
7. 무는 곱게 채 썰어 연지물을 들여 데쳐 낸다.
8. 달걀은 황·백으로 나누어 지단으로 부쳐 곱게 채 썬다.
9. 접시에 준비된 1, 2, 3, 4, 5의 재료를 색 맞추어 담고, 그 위에 황·백지단, 석이버섯, 대하, 국화잎, 무채, 채 썬 생강을 얹는다.

참고사항

화채는 조리법으로 보아 어채를 말한다. 원문에는 생강, 달걀지단을 녹말에 묻혀 삶는다 하였으나 본 책에서는 생강과 달걀지단은 채 썰어 고명으로 올렸다.

죽순채

재료 및 분량

죽순(중) 1개(200g) | 쇠고기(우둔) 50g | 표고버섯(중) 3장(50g) | 석이버섯 5장(1g)
고추 1개(10g) | 파 1/4뿌리(10g)

고기 · 버섯 양념 : 참기름 1큰술, 간장 3큰술
밀가루즙 : 밀가루 3큰술, 물 1/2컵

만드는 방법

1. 죽순은 빗살모양을 살려 얇게 썰어 데친 후 더운물에 담가 둔다.
2. 쇠고기는 곱게 다진 후 참기름과 간장으로 양념한다.
3. 표고버섯, 석이버섯, 고추, 파는 채 썰어 참기름과 간장으로 양념한다.
4. 기름을 두른 팬에 쇠고기를 볶다가 죽순, 표고버섯, 석이버섯, 고추, 파를 넣고 볶는다.
5. 밀가루즙을 만들어 섞어 익힌다.

참고사항

- 햇죽순은 밑동에 칼집을 넣고 쌀뜨물로 삶은 후 껍질을 벗겨 여러 번 물을 갈아 주면서 아린 맛을 우려낸다. 요즘은 죽순 통조림을 이용하면 편리하다.
- 유장은 참기름과 간장을 1 : 3 비율로 섞어 만든다.
- 쇠고기 대신 꿩고기를 사용할 수 있다.

월과채 越瓜菜

재료 및 분량

애호박 1개(300g) | 쇠고기(우둔) 50g | 표고버섯 2장 | 석이버섯 5장

고기 · 버섯 양념 : 간장 1큰술, 다진 마늘 1작은술, 후춧가루 약간

파 1큰술 | 참기름 1큰술 | 깨소금 2작은술

찰전병 : 찹쌀가루 100g, 끓는 물 2큰술(30mL), 소금 약간

만드는 방법

1. 애호박은 길이로 반을 자른 후 가운데 씨 부분을 도려내고, 0.3cm 두께로 눈썹썰기하여 소금에 살짝 절여 짠 후 볶는다.
2. 쇠고기는 잘게 다져 양념하여 볶는다.
3. 표고버섯은 미지근한 물에 불려 기둥을 떼고 채 썰어 양념하여 볶는다.
4. 석이버섯은 뜨거운 물에 불린 후 안쪽의 이끼와 돌을 제거한 후 물에 비벼 씻어 채 썰어 볶는다.
5. 파는 어슷썰기로 썰어 볶는다.
6. 분량의 찹쌀가루에 소금을 약간 넣고 뜨거운 물로 익반죽하여 동전 크기로 빚어 찰전병을 부친다.
7. 준비된 재료와 찰전병, 참기름, 깨소금을 넣고 섞어 그릇에 담는다.

참고사항

- 옛날에는 월과라는 채소가 있었으나, 지금은 월과 대신 호박을 사용한다. 이 월과채는 술안주로 좋다.
- 쇠고기 대신 돼지고기를 사용해도 된다.
- 눈썹썰기는 애호박을 크기에 따라 길이로 2등분하여 속을 파낸 다음 써는 것으로, 그 모양이 눈썹모양과 같다.

떡볶이

재료 및 분량

흰떡(가래떡) 500g | 쇠고기(사태) 300g | 쇠고기(양깃머리) 100g | 쇠고기(등심) 50g | 표고버섯 3장 | 석이버섯 5장
파 10g | 통잣 1큰술 | 깨소금 약간 | 후춧가루 약간 | 물 10컵

양념 : 간장 3큰술, 참기름 1큰술, 다진 파 2작은술, 깨소금 1작은술, 후춧가루 약간

만드는 방법

1. 흰떡은 5cm 길이로 썰어 4등분한다.
2. 쇠고기(사태)는 덩어리째 더운물에 담가 핏물을 뺀 후 두꺼운 냄비에 물 10컵을 붓고 부드럽게 될 때 까지 삶아 건져 0.5×5cm로 썰어 양념한다.
3. 쇠고기(양깃머리)는 뜨거운 물에 튀하여 막을 벗겨 낸 후 밀가루로 바락바락 주물러 냄새를 제거한 후 냄비에 넣어 오랫동안 푹 삶아 익혀 0.5×5cm로 썰어 양념한다.
4. 쇠고기(등심)는 0.5×5cm로 얇게 썰어 간장과 참기름으로 양념한다.
5. 표고버섯, 석이버섯, 파는 가늘게 채 썬다.
6. 달군 팬에 2, 3, 4를 넣고 볶다가 표고버섯, 석이버섯, 파를 넣고 같이 볶는다. 재료가 익으면 1의 떡과 양념을 더 넣고 볶는다.
7. 다 익으면 통잣, 깨소금, 후춧가루를 뿌린다.

참고사항

쇠고기를 삶을 때 닥나무 열매(楮實子)를 3~4개 넣으면 빨리 익고, 고기가 연해진다.

족편

재료 및 분량

우족 1.5kg | 꿩고기(생것) 300g | 잣가루 2큰술 | 후춧가루 1/2작은술 | 달걀 1개

만드는 방법

1. 우족은 깨끗이 씻어 토막을 낸 후 더운물에 담가 핏물을 뺀다.
2. 더운물에 우족을 넣고 한 번 끓어오르면 그 물을 버린다.
3. 우족에 물을 다시 붓고 24시간 동안 뼈가 추려질 정도로 푹 곤다.
4. 우족을 고는 중간에 꿩고기를 넣어 익으면 건져 낸다.
5. 삶아 낸 꿩고기는 잘게 다져 잣가루, 후춧가루로 양념해 둔다.
6. 우족 곤 것을 편평한 그릇에 3cm 두께로 부어 놓고, 엉기면 양념한 꿩고기를 그 위에 고루 뿌린다.
7. 남은 우족 곤 것을 6 위에 또 부어 윗면이 서로 엉기면 부쳐 놓은 달걀 황·백지단을 곱게 채 썰어 얹고 다시 굳힌다.

참고사항

원문에는 '족을 고을 때 기름을 걷으면 빛이 좋지 못하니 걷지 않는다.' 고 기록되어 있다. 하지만 기름기를 걷어 냄으로써 포화지방산의 섭취를 줄일 수 있으므로 기름기는 걷어 내는 것이 좋다.

쇠고기순대

재료 및 분량

쇠창자 300g | 쇠고기(등심) 150g | 꿩고기 150g | 돼지고기(목살) 150g | 다진 파 4작은술 | 다진 생강 1작은술
소금 2작은술 | 깨소금 2작은술 | 참기름 2작은술 | 후춧가루 약간

만드는 방법

1. 쇠창자를 손질하여 깨끗이 씻어 30cm 정도의 길이로 썬다.
2. 쇠고기, 꿩고기, 돼지고기를 각각 다진다.
3. 2에 다진 파, 다진 생강, 소금, 깨소금, 참기름, 후춧가루를 넣고 양념하여 순대 소를 만든다.
4. 준비된 쇠창자의 한쪽 끝을 실로 묶고 반대쪽에 깔때기를 끼운 다음 소를 넣고 실로 양끝을 묶는다.
5. 4의 순대를 찜통에서 쪄낸 후 식혀서 말굽모양으로 썬다.

참고사항

원문에 제목은 없으나 조리법으로 보아 순대이고, 돼지창자가 아닌 쇠창자를 사용하여 쇠고기순대라고 하였다.
또한 원문에는 쇠창자를 1자 길이로 자른다고 되어 있는데, 여기서 1자는 30.03cm를 나타낸다.

제피수정

재료 및 분량

돼지 껍질 300g | 물 15컵(3L) | 통후추 1큰술 | 파 1뿌리(100g)

초장 : 간장 1큰술, 식초 2작은술, 물 1/2큰술

만드는 방법

1. 돼지 껍질은 기름을 제거하고 깨끗이 씻어서 1시간 정도 담가 놓은 후 껍질이 잠길 정도 분량의 끓는 물에 넣어 10분간 끓인 다음 그 물은 버린다.
2. 물 15컵에 1의 돼지 껍질을 넣고 통후추, 파를 넣어 1시간 정도 끓인 후 돼지 껍질은 건져 내고 나머지 국물은 망에 밭친다.
3. 2의 잘 삶아진 돼지 껍질을 잘게 썬다.
4. 3을 2의 국물에 넣고 약한 불에서 2시간 30분 정도 푹 곤다. 골 때 거품을 걷어 내고, 나무주걱으로 자주 저어 솥바닥에 눌어붙지 않도록 한다.
5. 4를 체에 내려 다시 30분간 저어 주면서 곤다.
6. 네모난 그릇에 5를 붓고 굳힌 후 썬다.
7. 초장과 함께 곁들여 먹는다.

참고사항

- 돼지 껍질의 분량을 300g으로 하면 400~450g의 제피수정이 된다.
- 10컵의 물에 먼저 고다가 거의 뭉그러지면 껍질을 건져 낸다. 다시 맹물 5컵에 고아 체에 내리고 먼저 고던 물과 섞은 후 더 고면 솥바닥에 눌어붙지 않는다.

똑똑이좌반

재료 및 분량

쇠고기(우둔) 200g | 간장 1½큰술 | 콩기름(식용유) 1작은술 | 참기름 1작은술 | 꿀 2작은술 | 실깨 1작은술
후춧가루 약간 | 계핏가루 약간

만드는 방법

1. 쇠고기는 핏물을 빼고 물기를 제거하여 곱게 채 썬 다음 다시 잘게 썰어 기름에 볶는다.
2. 1에 간장, 참기름, 꿀을 넣어 다시 볶은 후 실깨, 후춧가루, 계핏가루를 넣는다.

참고사항

- 똑똑이좌반은 고기를 똑똑 썰어 간장으로 조린 것에서 이름이 붙었다. 잘게 썬 고기를 양념하여 조린 즉석 장조림에 해당한다.
- 원문의 강정깨는 껍질을 벗겨 강정 만들 때 쓰이는 깨를 일컫는 말로 요즘은 실깨라 한다.

편 포

재료 및 분량

쇠고기(우둔) 500g | 소금 1큰술 | 참기름 $2\frac{1}{2}$큰술 | 후춧가루 1작은술 | 천초가루 1작은술
깨소금 $1\frac{1}{2}$큰술 | 잣가루 $1\frac{1}{2}$큰술

만드는 방법

1. 쇠고기는 기름기를 제거한 후 곱게 다진다.
2. 1에 소금, 참기름, 후춧가루, 천초가루, 깨소금, 잣가루를 섞어 고루 주무른다.
3. 양념한 쇠고기를 15×10×0.5cm 크기로 네모지고 반듯한 모양으로 반대기를 만든다.
4. 서늘한 곳에서 4~5일 동안 뒤집어 가며 말린다.

참고사항

- 보통 양념할 때 쇠고기 100g에 소금 2/3작은술을 사용한다.
- 반대기는 평평하고 넓직하게 네모나 둥글게 만든 조각이다.

청어젓

재료 및 분량

청어 8마리(1.5kg) | 소금 375g

만드는 방법

1. 청어는 비늘을 긁고 내장을 제거한 후 깨끗하게 씻는다.
2. 청어를 발 위에 펴 놓고 소금을 뿌려서 켜켜로 놓아 하룻밤을 재워서 생선의 즙이 다 빠지게 한다.
3. 항아리에 절인 청어를 넣고 소금을 뿌린 다음 그 위에 청어와 소금 뿌리기를 반복하여 켜켜로 담은 후 맨 위에 소금을 두껍게 뿌린다.

참고사항

날 물기를 절대 금하고, 항아리를 땅에 묻으면 제철이 돌아오도록 쓸 수 있다. 젓갈을 담글 때 소금의 양은 생선 무게의 25%로 한다.

게젓

재료 및 분량

게(참게) 10마리(1kg) | 간장 7컵(1.4L) | 쇠고기(우둔) 300g | 꿀 1큰술 | 천초 10알

만드는 방법

1. 간장에 쇠고기를 넣고 달인 후 식힌다.
2. 게는 깨끗이 씻어 물기를 제거한다.
3. 항아리에 게를 넣고, 달여 둔 간장을 부은 후 게가 떠오르지 않고 간장에 잠겨 있도록 눌러 둔다.
4. 3~4일 후 간장을 따라 내어 꿀을 넣고 다시 달인 후 항아리에 붓는다.
5. 씨를 뺀 천초를 항아리에 넣은 후 불빛을 보지 않도록 잘 저장한다.
6. 익은 후 꺼내어 게의 딱지를 떼고 손질하여 그릇에 담고, 쇠고기는 찢어서 옆에 놓는다. 간장 국물을 끼얹어서 촉촉하게 한다.

참고사항

원문에는 게젓이라고 되어 있으나 조리법으로 보아 오늘날의 게장과 같다. 옛날에는 항아리에 간장을 붓고, 쇠고기를 넣은 후 항아리 밑에 흙을 발라 걸고 숯불을 피워 달인 후 식혀서 담갔다. 게젓이 불빛을 보면 곯기가 쉬우니 밤에 내더라도 불빛을 비추지 않도록 하였다.

연안식해법

재료 및 분량

대합살 500g | 멥쌀 1/2컵(80g) | 엿기름가루 1/2컵(50g) | 대추 10개 | 잣 1큰술 | 참기름 1큰술 | 소금 4큰술

만드는 방법

1. 대합살은 소쿠리에 담아 연한 소금물에 흔들어 깨끗하게 씻은 후 면포에 싸서 물기를 거두어 잠깐 말린다.
2. 멥쌀을 씻어서 밥을 지은 후 넓은 그릇에 푼다.
3. 엿기름가루는 고운체로 쳐서 그 가루를 밥에 섞어 준다.
4. 대추는 씨를 발라내고 2~3등분한다.
5. 3에 대합살, 대추, 잣, 참기름, 소금을 넣어 버무려 사기 항아리에 담고, 3~4일 후에 조갯살의 빛이 붉어지면 먹는다.

용인외지법

재료 및 분량

오이 20개(3kg) | 쌀뜨물 5컵(1L) | 더운물 5컵(1L) | 소금 200g(10%)

만드는 방법

1. 오이를 깨끗이 손질하여 항아리에 넣는다.
2. 속뜨물과 더운물에 소금을 혼합하여 항아리에 붓는다.
3. 이튿날 항아리의 소금물을 따라서 끓여 식혀서 붓기를 6~7번 반복한다.

참고사항

뜨물에는 겉뜨물과 속뜨물이 있다. 겉뜨물은 쌀을 씻을 때 1~2번째까지의 뜨물이고, 속뜨물은 3번째 이후부터의 뜨물을 말한다. 여기서는 속뜨물을 이용한다.

명월생치채

재료 및 분량

꿩 1마리(600g) | 오이 1/2개 | 달걀 1개 | 동치밋국 2컵(400mL) | 소금 1작은술 | 물 15컵(3L) | 파 1뿌리
마늘 1통 | 생강 1톨

만드는 방법

1. 꿩은 털을 뽑고, 깨끗하게 손질하여 더운물에 파, 마늘, 생강을 넣고 1시간 정도 무르게 삶는다.
2. 꿩고기를 건져 내어 껍질을 벗기고 뼈를 발라낸 후 살코기를 가늘게 찢는다.
3. 육수는 차게 식혀 기름을 걷어 내고 면포에 거른 후 동치밋국을 섞어 소금으로 간을 맞춘다.
4. 오이는 4cm 길이로 잘라 껍질 부분만 돌려 깎기하여 채 썰어 소금에 살짝 절였다가 물기를 꼭 짠다.
5. 달걀은 황 · 백으로 나누어 지단을 얇게 부쳐 4cm 길이로 채 썬다.
6. 그릇에 찢어 놓은 꿩고기 살을 담고, 오이와 달걀지단을 고명으로 올린 후 국물을 붓는다.

참고사항

- 육수와 동치밋국의 비율은 2 : 1로 한다.
- 색감을 살리기 위해 오이나 달걀지단을 고명으로 사용하였다.

전복침채

재료 및 분량

전복 6개 | 유자 1개 | 배 1개 | 무 200g | 생강 3쪽 | 쪽파 3줄기 | 소금 50g | 물 5컵(1L)

만드는 방법

1. 전복은 껍데기에서 떼어 내장을 제거하고, 깨끗하게 씻은 후 통으로 소쿠리에 담아 그늘에서 뒤집어 가며 구둑구둑하게 말린다. 마른 전복은 물에 불려서 물기를 제거한다. 전복은 칼집을 두 번 정도 넣어 주머니 모양이 되게 저민다.
2. 유자는 껍질 부분만 가늘게 채 썬다.
3. 배는 껍질을 벗기고, 유자와 같은 두께로 가늘게 채 썬다.
4. 무는 골패쪽 크기로 썰고, 생강은 껍질을 벗겨 가늘게 채 썬다.
5. 쪽파는 4cm 길이로 썬다.
6. 저며 놓은 전복에 유자채와 배채를 안에 넣고 잘 오므린다.
7. 소금을 3~5%의 농도로 물에 타서 한 번 끓인 후 식힌다.
8. 6을 항아리에 담고, 썰어 둔 무, 생강 채, 쪽파 썬 것을 넣은 후 소금물을 부어 서늘한 곳에서 익힌다.

참고사항

생전복은 채반에 널어 바람이 잘 통하는 그늘에서 뒤집어 가며 구둑구둑하게 말려서 사용한다.

동치미

재료 및 분량

무 20개(220g/개당) | 배추 1통(1kg) | 쪽파 1단(100g) | 고추 8~10개(100g) | 미나리 1단(60g) | 생강 20g
청각 10g | 다진 마늘 1큰술 | 소금 180g

국물 : 북어(황태) 4~5마리(600g), 쇠고기(양지머리) 300g, 무 100g, 소금 2½컵, 물 5L

만드는 방법

1. 북어와 쇠고기, 무에 물을 넣고, 처음에는 센 불로 가열하여 끓기 시작하면 뭉근한 불로 줄여 2시간 정도 끓인 후 식힌다. 소금으로 간을 하고 체에 밭친다.
2. 무와 배추는 통째로 10%의 소금물에 절인다.
3. 절인 무와 배추를 씻어 물기를 빼고, 항아리에 켜켜로 넣으면서 쪽파, 고추, 미나리, 생강, 청각을 통으로 넣고, 마늘은 다져서 넣는다.
4. 항아리에 1의 물을 가득 붓는다.
5. 뚜껑을 잘 덮고, 흙으로 완전히 덮어 두었다가 연말부터 초봄까지 먹으면 맛이 좋다.

참고사항

원문에는 이름이 명시되지 않았으나 조리법을 보고 동치미라 하였다. 또한 생강과 마늘은 갈아서 붓는다고 하였으나 이렇게 하면 국물이 탁해지므로 통째로 주머니에 싸서 넣는 것이 좋다.

제3장

떡류

도행병 | 복숭아편·살구편

재료 및 분량

멥쌀 2컵(320g) | 소금 1작은술 | 복숭아(살구) 과육 200g | 설탕 4큰술

고명 : 대추 8개, 잣 1작은술, 호두 3개, 계핏가루 1/2작은술

만드는 방법

1. 멥쌀을 깨끗이 씻어 4~6시간 정도 불려 소쿠리에 건져 분량의 소금을 넣고 가루로 빻는다.
2. 잘 익은 복숭아(살구)를 씻어서 씨를 발라내고 찜통에 쪄서 체에 거른다.
3. 1에 2를 넣고 잘 버무려 볕에 바싹 말려 종이 주머니에 담아 둔다.
4. 가을이나 겨울에는 3을 비벼 물(1¼컵)을 주어 1시간 정도 두었다가 중간체에 내린다.
5. 설탕을 넣어 골고루 섞어 시루에 안친 후 계핏가루를 뿌린다.
6. 대추는 씨를 빼서 곱게 채 썰고, 잣은 길이로 반을 가르고, 호두는 다져서 섞는다.
7. 6을 고명으로 얹어 20분간 찌고 불을 줄여 5분간 뜸을 들인다.

참고사항

과육은 과일의 씨를 발라내고 찜통에 쪄서 체에 거른 것으로, 복숭아 1개(300g)의 과육은 200g 정도가 된다.

도행단자 | 복숭아단자 · 살구단자

재료 및 분량

찹쌀 2컵(320g) | 소금 1작은술 | 복숭아(살구) 과육 200g

소 : 깐 거피팥 1/3컵, 소금 1/5작은술, 설탕 2큰술

꿀팥소 : 볶은 팥 1컵, 꿀 1큰술

고물 : 꿀 3큰술, 잣 2/3컵 = 잣가루 1⅓컵

만드는 방법

1. 찹쌀을 깨끗이 씻어 5시간 동안 불렸다가 소쿠리에 건져 분량의 소금을 넣어 가루로 빻아 체에 친다.
2. 익은 복숭아(살구)를 씻어 씨를 발라내고 찜통에 쪄서 체에 거른다.
3. 1의 찹쌀가루에 2를 잘 버무려 볕에 바싹 말려 종이 주머니에 담아 둔다.
4. 거피팥을 물에 2시간 정도 불려 껍질을 없애고 일어 찜통에 푹 무르게 쪄서 어레미에 내려 소금과 설탕을 넣어 볶는다. 다시 중간체에 내린다.
5. 볶은 팥 1컵에 꿀을 넣고 버무려 소를 만들어 지름 3cm 정도의 둥근 막대모양으로 만든다.
6. 잣은 고깔을 떼고 종이를 깔고 칼날로 곱게 다져 가루를 낸다.
7. 말려 놓았던 찹쌀가루를 익반죽하여 골무떡을 만들어 삶아 낸 후, 한데 모아 방망이로 쳐가며 갠다.
8. 친 떡을 펴고 꿀팥소를 놓고 말아 꿀을 바르면서 늘여 동글게 떼어 잣가루고물을 묻힌다.

참고사항

- 해팥은 40~50분 정도면 쪄지고 묵은 팥은 2시간 이상 쪄야만 익는다.
- 익반죽할 때는 찹쌀가루 2컵에 끓는 물 4큰술을 넣는다.
- '동글게' 라는 표현과 같은 말로 예전에는 '새알모양으로' 라는 표현이 쓰였다. 이는 지름 2.5cm 정도의 둥근 모양으로 빚으라는 말이다.
- 체는 바닥의 구멍 굵기에 따라 구분되는데, 깁체, 중간체, 어레미의 순이다. 여기서 어레미는 굵은체이다.

복령병

재료 및 분량

멥쌀가루 3컵(300g) | 물 2큰술 | 백복령가루 3컵(270g)

소금물 : 물 $1\frac{1}{2}$컵, 소금 1작은술

설탕 6큰술

고명 : 잣가루 6큰술, 계핏가루 1작은술

만드는 방법

1. 소금을 넣어 빻은 멥쌀가루에 물을 넣고 비벼서 체에 내린다.
2. 백복령가루에 소금물을 골고루 섞어 비빈 후 1에 섞어 체에 친다. 수분이 부족할 때는 물을 주어 잘 섞은 후 다시 한 번 체에 치고 설탕을 골고루 섞는다.
3. 잣은 고깔을 떼고 종이를 깔고 칼날로 곱게 다져 가루를 낸다.
4. 시루에 안치고 잣가루와 계핏가루를 뿌려 찐다.

참고사항

- 백복령은 흰솔풍령이라고도 한다. 전국 각지의 소나무를 베어 낸 곳에 자라며 재배도 한다. 베어 낸 지 여러 해 지난 소나무 뿌리에 기생하여 혹처럼 크게 자라는데, 소나무 그루터기 주변을 쇠꼬챙이로 찔러서 찾아낸다. 지름 30~50cm쯤의 덩어리로 겉은 소나무 껍질처럼 거칠고 속은 희거나 분홍빛이 난다. 속이 흰 것은 백복령이라 하고 분홍빛인 것은 적복령이라고 하는데, 백복령은 적송의 뿌리에 기생하고 적복령은 곰솔 뿌리에 기생한다. 그리고 솔뿌리를 둘러싼 것을 복신이라고 한다. 맛은 달고 심심하며 성질이 평(平)하여 보(補)하는 작용이 있고 이뇨작용을 하지만 강하지 않다.
- 멥쌀은 깨끗이 씻어 5시간 정도 불렸다가 소쿠리에 건져 분량의 소금을 넣어 가루를 빻아 물 2큰술을 넣어 체에 내린다. 멥쌀 $1\frac{1}{5}$컵을 불려서 가루를 빻으면 멥쌀가루 3컵이 된다.

석탄병

재료 및 분량

멥쌀가루 5컵(소금 넣어 빻은 것) | 감가루 1컵 | 계핏가루 1작은술 | 밤(황률) 삶은 물 1/2컵 | 꿀 2큰술 | 설탕 3큰술

고명 : 대추 10개, 밤(황률) 10개, 잣가루 3큰술

만드는 방법

1. 멥쌀가루에 감가루, 계핏가루를 섞는다.
2. 밤은 설삶아 건져 놓고, 밤 삶은 물에 꿀을 섞은 다음 1의 섞은 가루를 넣어 중간체에 치고 설탕을 섞는다.
3. 씨를 뺀 대추와 삶은 밤은 각각 가늘게 채 쳐서 잣가루와 섞는다.
4. 2의 가루 섞은 것을 안치고 대추채, 밤채, 잣가루 섞은 것을 위에 넉넉히 뿌려 20분간 찌고 5분간 뜸 들인다.

참고사항

단감은 껍질을 벗겨 생률 치듯 얇게 깎아 말려서 가루를 낸다. 곶감을 작게 잘라 바싹 말려 가루를 내어 쓰기도 하는데 30g 정도의 곶감 7개면 감가루 1컵이 나온다. 고물이 잘 붙도록 쌀가루를 살살 뿌려 찌면 좋다.

유자단자

재료 및 분량

찹쌀가루 5컵(500g) | 유자 껍질 1/2개(말린 것 20g) | 물 1큰술 | 곶감 2개 | 설탕 2큰술 | 당귀(승검초)가루 1작은술

소 : 삶은 밤가루 40g(밤 10개), 호두 5개, 계핏가루 1작은술, 꿀 1~2큰술

고물 : 거피팥 1컵, 소금 1/2작은술, 꿀 3큰술

만드는 방법

1. 유자 껍질을 벗겨 깨끗이 씻은 후 말려서 가루로 만든다.
2. 곶감은 잘게 썬다.
3. 유자가루에 물을 주어 촉촉하게 만들어 찹쌀가루에 섞는다. 이때 곶감, 설탕, 당귀가루도 함께 섞어서 찜통에 쪄 내어 방망이로 으깨어 친다.
4. 밤을 푹 삶아 어레미에 거르고 호두는 잘게 썬다. 여기에 계핏가루와 꿀을 넣어 소를 만들어 지름 3cm 정도의 둥근 막대 모양으로 만든다.
5. 거피팥을 물에 2시간 정도 불려 껍질을 없애고 일어 찜통에 푹 무르게 찐 다음 소금을 넣어 찧어 중간체에 친다.
6. 친 떡을 펴고 소를 놓아 말아 꿀을 묻히면서 늘여 동글게 떼어 거피팥고물을 묻힌다.

두텁떡

재료 및 분량

찹쌀 2컵(320g) | 소금 1작은술 | 물 2큰술 | 설탕 5큰술

소 : 거피팥 1컵, 소금 1/2작은술, 설탕 2큰술, 꿀 2큰술

고물 : 곶감 10개(300g), 대추 20개(80g)

만드는 방법

1. 찹쌀을 깨끗이 씻어 5시간 정도 불렸다가 소쿠리에 건져 분량의 소금을 넣어 가루로 빻아 물을 주어 중간체에 내려 설탕을 섞는다.
2. 거피팥을 물에 2시간 정도 불려 껍질을 없애고 일어 찜통에 푹 무르게 찐 다음 소금을 넣어 찧어 어레미에 내린다. 여기에 설탕을 넣어 볶은 후 꿀을 넣어 뭉쳐 소를 만들어 동글동글하게 빚는다.
3. 곶감과 씨를 뺀 대추는 굵게 채 썬다.
4. 찜통에 물 축인 보를 깔고 곶감채와 대추채를 고루 펴고 다시 그 위에 쌀가루를 고루 편다. 쌀가루 위에 2의 팥소를 띄엄띄엄 차례로 놓은 후 쌀가루로 덮고 곶감채와 대추채를 넉넉히 펴서 쪄 낸다.
5. 소가 가운데로 가도록 한 개씩 떼어 낸다.

참고사항

《규합총서》에는 떼어 낸 두텁떡에 볶은 팥을 묻혀서 쓴다고 기록되어 있다.

대추인절미

재료 및 분량

찹쌀 2½컵(400g) | 소금 1½작은술 | 대추 2½컵(150g)

고물 : 콩고물 1/2컵, 거피팥고물 1/2컵

만드는 방법

1. 찹쌀을 더운물에 4~5일 동안 매일 물을 갈아 주면서 담가 둔다.
2. 1의 찹쌀을 건져 내어 찜통에 약 1시간 정도 푹 무르도록 충분히 찐다.
3. 대추는 씨를 빼고 짓이겨서 찐 찹쌀에 섞어 오래 찧는다. 이때 소금을 넣는다.
4. 3을 2×4×2cm 정도의 크기로 썰어 콩고물이나 거피팥고물을 묻힌다.

참고사항

《부인필지》에는 떡에 고물을 묻히는 설명은 없으나, 찧은 떡을 펴서 썰어 콩고물과 거피팥고물을 묻혔다. 《시의전서》 등에 콩고물과 거피팥고물을 묻히는 방법이 있다.

메밀전병

재료 및 분량

반죽 : 메밀가루 3컵(300g), 밀가루 1컵(100g), 소금 1큰술, 끓인 물 4컵, 콩기름(식용유) 5큰술

소 : 잣 1/2컵, 후춧가루 1/4작은술, 석이버섯 30g, 참기름 1작은술

만드는 방법

1. 메밀가루에 밀가루를 섞어 소금을 넣고 고운체에 친다.
2. 1의 가루에 동량의 끓인 물을 조금씩 넣어 가며 오래 저어 끈기가 나게 반죽한다.
3. 잣은 고깔을 떼고, 종이를 깔고 곱게 다진다.
4. 석이버섯은 뜨거운 물에 불려 손으로 비벼 흐르는 물에 깨끗이 씻어 이끼를 없애고, 가운데 돌을 떼어 손질하여 곱게 채 썬 다음, 참기름에 잠깐 볶아 낸다.
5. 잣가루, 후춧가루, 볶은 석이를 섞어 소로 한다.
6. 팬을 달구어 기름을 두르고 2의 반죽을 두세 숟가락으로 떠놓아 둥글게 펴고 밑면이 익으면 뒤집어 준비한 소를 올린 다음 반으로 접어 지져 익힌다.

참고사항

메밀전병을 부칠 때 기름을 많이 사용하면 소를 넣고 붙일 때 가장자리가 잘 붙지 않는다. 또 끓인 물의 온도를 너무 높게 하면 반죽이 끈기가 없고 덩어리지므로 반죽을 한 방향으로 오래 저어 끈기가 나도록 한다.

송편

재료 및 분량

멥쌀가루 5컵(500g) | 소금 1작은술 | 물 5큰술

소 : 깐 거피팥 3/5컵, 소금 1/3작은술, 계핏가루 1/2작은술, 생강가루 1/2작은술, 다진 호두 1큰술, 잣가루 1큰술, 솔잎 300g, 참기름 2큰술

만드는 방법

1. 멥쌀가루를 고운체에 내려 무르게 반죽하여 쪄 낸다.
2. 쪄진 떡을 매우 쳐서 흰떡(가래떡)보다 가늘게 비벼 서려 놓는다.
3. 거피팥을 물에 2시간 정도 불려 껍질을 없애고 일어 찜통에 푹 무르게 찐 다음 어레미에 내려 계핏가루, 생강가루, 다진 호두, 잣가루를 합하여 소를 만든다.
4. 2의 반죽을 떼어 소를 넣고 송편을 빚는다.
5. 찜통에 솔잎을 격지 놓으면서 빚은 송편을 안친 후 쪄 내어 냉수에 씻어 참기름을 바른다.

참고사항

- '서리다' 는 빙빙 돌려 한데 모아 둔다는 뜻이다. 송편을 찌는 시간은 송편의 크기와 양에 따라 다른데, 찜통에 김이 오른 후 25분 정도면 충분하다.
- 보통 송편은 쌀가루를 익반죽하여 빚어 찌는데, 이는 익은 떡을 다시 빚어 찌는 재증병이다.
- '격지 놓는다' 는 표현은 송편과 솔잎을 번갈아 놓는다는 뜻이다.

두견화전

감국화전

화전 | 두견화전·감국화전

재료 및 분량

찹쌀가루 5컵(500g) | 소금물 (소금 1작은술 + 물 9~10큰술) | 두견화 | 국화

지지는 기름 : 참기름 5큰술

꿀 5큰술

만드는 방법

1. 찹쌀가루는 끓는 소금물로 반죽하여 지름 5cm 정도의 크기로 둥글납작하게 빚는다.
2. 계절에 따라 1에 두견화나 국화를 붙여 지진다.
3. 참기름을 두른 팬에 지져 내고 꿀을 바른다.

참고사항

- 냉수로 반죽하면 빛이 좋지 않고 기름이 많이 든다.
- 두견화나 장미는 많이 넣어도 좋으나, 국화는 많이 넣으면 맛이 쓰다.

토련병 | 토란병

재료 및 분량

찹쌀가루 5컵(500g) | 소금 1작은술 | 토란 800g | 소금 2작은술

지지는 기름 : 참기름 5큰술

만드는 방법

1. 토란을 씻어 푹 무르게 삶아 껍질을 벗겨서 으깬다.
2. 찹쌀가루에 으깬 토란과 소금을 넣어 반죽하여 잘 무르도록 쪄서 지름 5cm 정도의 크기로 둥글납작하게 빚는다.
3. 참기름을 번철에 두르고 노릇하게 지진다.

참고사항

참기름과 식용유를 동량으로 합하여 쓰면 좋다.

잡과편 | 잡과단자

재료 및 분량

찹쌀가루 3컵(300g) | 소금 3/5작은술 | 물 6큰술

묻힘용 : 꿀 2큰술
소 : 밤 1컵(60g), 호두 4쪽, 계핏가루 1작은술, 꿀 1큰술
고물 : 대추 10개, 곶감 2개, 밤 5개, 잣가루 3큰술

만드는 방법

1. 찹쌀가루는 소금을 넣은 끓는 물로 익반죽한 다음 골무떡으로 빚어 끓는 물에 삶아 내어 방망이로 으깨어 친다.
2. 밤은 삶아서 겹질을 벗긴 후 어레미에 내리고, 호두는 잘게 썬다.
3. 2에 계핏가루를 섞어 꿀로 반죽하여 소를 만들어 3cm 정도의 둥근 막대모양으로 만든다.
4. 대추와 곶감은 씨를 발라내고 얇게 저며, 구둑구둑하게 말린 후 곱게 채 썬다.
5. 밤은 속껍질까지 벗긴 후 곱게 채 썰어 잣가루와 4를 한데 섞어 고물로 만든다.
6. 친 떡을 펴고 소를 놓아 싸서 꿀을 묻히면서 늘여 지름 3cm의 크기로 동글고 작게 떼어 고물을 묻힌다.

대추주악

재료 및 분량

찹쌀가루 2컵(200g) | 소금 2/5작은술 | 대추 6개(다진 대추 2큰술) | 냉수 4큰술 | 콩기름(식용유) 3컵

소 : 다진 대추 3큰술, 계핏가루 1/3작은술, 꿀 1작은술

묻힘용 : 꿀 2큰술

만드는 방법

1. 찹쌀가루에 다진 대추를 섞고 냉수로 반죽한다.
2. 다진 대추에 계핏가루와 꿀을 넣어 섞어 소를 만든다.
3. 1의 반죽에 2의 소를 넣고 작은 송편 모양으로 빚어 넉넉한 기름에 지져 꿀을 묻힌다.

참고사항

- 대추는 크기에 따라 다진 양이 다른데, 큰 대추의 경우 6개를 다지면 2큰술 정도가 된다.
- 《부인필지》에는 조리법이 간단하게 기록되어 있어 《이조궁중요리통고》의 대추주악 방법을 참고하였다. 《부인필지》, 《규합총서》, 《시의전서》의 조리법은 동일하였다.

밤주악

재료 및 분량

말린 밤가루 2컵(150g) | 꿀 3~5큰술

소 : 계핏가루 1작은술, 말린 생강가루 1큰술, 잣가루 3큰술, 꿀 1큰술

고물 : 꿀 2큰술, 잣가루 2/3컵

만드는 방법

1. 말린 밤가루를 꿀에 반죽한다.
2. 계핏가루, 생강가루, 잣가루를 꿀에 개어 소를 만든다.
3. 밤반죽을 작은 밤톨만하게 떼어 내어 2의 소를 넣고 만두과처럼 틀어 빚는다.
4. 빚어 놓은 주악 위에 꿀을 바르고 잣가루를 묻힌다.

참고사항

- 황률(말린 밤)을 절구에 빻아 고운체에 내려 밤가루를 만든다.
- 튼다는 것은 엄지와 검지로 반죽을 꼬집어 무늬를 내는 것을 말한다.

감자병柑子餠 | 감귤설기

재료 및 분량

감귤 껍질 가루 35g | 물 $1\frac{1}{2}$큰술 | 멥쌀가루 5컵(500g) | 물 2큰술 | 설탕 5큰술

만드는 방법

1. 감귤 껍질을 깨끗이 씻어 말려 가루를 내고, 물을 뿌려 비벼서 촉촉하게 한다.
2. 소금을 넣어 빻은 멥쌀가루에 물을 주어 비벼 체에 내린다.
3. 멥쌀가루에 감귤 껍질 가루와 설탕을 넣어 고루 섞은 후 시루에 편편하게 안쳐 찜통에 김이 오른 후 25분 정도 찐다.

참고사항

감귤 껍질 160g(작은 감귤 10개)을 말리면 감귤 껍질 가루가 25g 정도 된다. 요즘은 건조기가 있어 감귤을 말리기가 편리하다. 진피(陳皮)는 감귤 껍질 말린 것이다.

나복병

재료 및 분량

멥쌀가루 5컵 | 무 150g | 소금 1작은술 | 물 1컵

고물 : 붉은팥 1½컵, 소금 2/3작은술

만드는 방법

1. 무는 0.5×2×5cm 정도로 얇고 넓게 저며 썬다.
2. 1을 소금물(물 1컵+소금 1작은술)에 10분 정도 넣었다가 건져 멥쌀가루를 묻힌 후 멥쌀가루와 섞는다.
3. 붉은팥은 씻어 잘 일고 팥이 물에 잠길 정도의 물을 부어 한 번 끓으면 물을 버린 후 다시 물을 부어 삶는다. 푹 삶아지면 여분의 물을 버리고 약한 불에서 뜸을 들인다. 팥이 뜨거울 때 소금을 넣어 찧어 고물을 만든다. 팥고물이 질면 번철에 볶아 준다.
4. 시루에 팥고물을 깔고 무를 섞은 멥쌀가루를 깐 다음 다시 팥고물의 순서로 번갈아 안친 후 찜통에 김이 오르면 25분 찐다.

참고사항

- 무 150g을 소금에 절이면 130g이 된다.
- 《부인필지》에는 쌀가루를 뿌려 그 위에 무를 놓고 찐다고 되어 있으나, 오늘날에는 일반적으로 붉은팥고물을 쓴다.
- 시루에 안칠 때 멥쌀가루가 묻지 않은 무는 시루에 멥쌀가루를 뿌려 그 위에 무를 놓고 찐다.

신검초단자 | 승검초단자

재료 및 분량

찹쌀가루 5컵(500g) | 승검초가루 1⅓큰술 | 물 3큰술

볶은 거피팥고물 : 거피팥 1컵, 소금 1/2작은술, 설탕 2큰술, 꿀 3큰술

만드는 방법

1. 찹쌀가루에 승검초가루를 섞고 물을 넣고 버물버물 섞어 김이 오른 후 15분 정도 쪄 내어 절구에 넣고 찧어 한 덩이가 되도록 친다.
2. 거피팥을 물에 2시간 정도 불려서 껍질을 없애고 일어 찜통에 푹 무르게 찐 다음 어레미에 내려 소금과 설탕을 넣어 볶아 다시 중간체에 내린다.
3. 친 떡 덩이를 꿀을 묻히면서 늘여 동글고 작게 떼어 고물을 묻힌다.

참고사항

저장해 두고 편하게 쓰려면 승검초(당귀잎)를 잎만 떼어 그늘에 말려 곱게 가루를 내어 쓰면 된다.

증편

재료 및 분량

반죽 : 멥쌀 2½컵(400g), 소금 1작은술, 막걸리 150mL, 물(50℃의 물) 150mL, 설탕 85g, 참기름 1작은술

고명 : 대추 3개, 건시 1/2개, 석이버섯 2장, 잣 1작은술

만드는 방법

1. 멥쌀을 깨끗이 씻어 소금을 넣어 가루를 만들어 고운체에 내린다.
2. 막걸리에 물과 설탕을 타고 참기름을 조금 넣어 반죽을 헤치고 부어 가며 멍울 없이 푼다.
3. 술맛이 나고 반죽 묽기가 천천히 처질만 하면 유지로 싸서 따뜻한 방에 발효가 되어 부글부글 괼 때까지 둔다.
4. 3을 보자기를 깐 시루에 골고루 펴 안치고 그 위에 고명으로 잘게 썬 대추, 건시, 석이버섯과 반으로 자른 잣을 얹고 보자기를 덮는다.
5. 약한 불에서 5분, 센 불에서 20분, 약한 불에서 5분 정도로 불 조절을 해가며 찐다.
6. 다 익으면 물을 많이 뿌리며 꺼내어 참기름을 발라 썬다.

참고사항

반죽에 구슬이 일어날 때까지 발효시킨다. 발효시간은 따뜻한 곳(30~35℃)에서 4시간이다. 1차 발효된 반죽을 잘 섞어 공기를 빼고, 다시 랩을 씌워 2시간 동안 발효시킨다. 2차 발효된 반죽을 잘 섞어 공기를 빼고, 1시간 더 3차 발효시킨다. 발효시간은 발효 정도에 따라 달라진다.

상화병

재료 및 분량

반죽 : 밀가루 2컵(200g), 막걸리 1/2컵(115g), 소금 1/3작은술

꿀팥소 : 거피팥 1/3컵, 소금 1/5작은술, 설탕 2큰술, 꿀 1큰술

만드는 방법

1. 고운체에 친 밀가루에 막걸리와 소금을 넣어 반죽한 다음 덮어서 더운 곳(35℃)에 4~6시간 쯤 두면 부풀어 올라 벌집같이 된다.
2. 거피팥을 물에 충분히 불려 껍질을 없애고 일어 찜통에 푹 무르게 쪄서 어레미에 내린다.
3. 2에 소금과 설탕을 넣어 볶아 다시 중간체에 내려 꿀을 넣어 꿀팥소를 만든다.
4. 부푼 반죽을 떼어 꿀팥소를 넣어 빚는다. 모양은 위는 두껍고 밑은 얇게 빚어 백지를 깔고 더운 방에 두어 1시간 정도 부풀린다.
5. 부푼 상화를 물에 담가서 뜨는 것을 건져 시루에 안쳐 20분 정도 찌는데, 익으면 물을 뿌리면서 꺼낸다.

참고사항

밀기울은 밀을 빻아서 체로 가루를 빼고 남은 찌꺼기로, 곧 밀의 속껍질이 많이 섞인 무거리이다. 시판되는 생막걸리를 사용하여 반죽하였다.

제4장 과정류

약과

다식과

유밀과 | 약과·다식과

재료 및 분량

반죽 : 밀가루 2컵(200g), 소금 1/2작은술, 후춧가루 1/8작은술, 참기름 5큰술, 꿀 2½큰술, 생강즙 2큰술, 소주 3큰술

튀김기름 3컵(540mL)

즙청 꿀 : 꿀 1½컵(300g), 말린 생강 5편, 계핏가루 1/2작은술, 후춧가루 1/8작은술

고명 : 잣가루 1큰술

만드는 방법

1. 밀가루에 소금, 후춧가루, 참기름을 넣고 손바닥으로 고루 비벼 체에 내린다.
2. 꿀, 생강즙, 소주를 섞어 1에 넣어 반죽이 한데 뭉치도록 눌러 가며 반죽한다.
3. 꿀에 편으로 썬 말린 생강, 계핏가루, 후춧가루를 섞어 즙청 꿀을 준비한다.
4. 약과 반죽을 1.5cm 두께로 밀어 6×6cm 크기로 자른 다음 대꼬챙이로 여러 군데에 구멍을 낸다. 또는 반죽을 조금씩 떼어서 약과판에 박는다.
5. 냄비에 기름을 부어 데워지면 100~110℃에서 익혀 약과의 켜가 일도록 하고, 140℃에서 뒤집어가며 속까지 익힌 후 160℃로 온도를 올려 잠깐 튀겨 색을 낸다.
6. 약과가 뜨거울 때 즙청 꿀에 넣고 즙청한 후 잣가루를 뿌린다.

참고사항

- 반죽할 때 너무 치대면 끈기가 생겨 약과가 딱딱해진다.
- 튀김기름의 온도가 너무 낮으면 약과가 다 풀어지고, 온도가 너무 높으면 속이 익기도 전에 까맣게 타버린다.
- 다식과는 약과의 반죽을 다식판의 꽃모양에 찍어 내어 만든 것이다.

흑임자다식
녹말다식
용안육다식

흑임자다식

재료 및 분량

흑임자 50g | 꿀 2½큰술(50g)

만드는 방법

1. 흑임자는 물에 불려 손바닥으로 비비거나 절구에 살짝살짝 찧어 볶아서 키에 까불어 껍질을 버린다.
2. 다시 절구에 넣어 기름이 나오도록 오래 찧는다.
3. 2에 꿀을 넣어가면서 덩어리지게 하여 기름을 짜 낸다.
4. 다식판의 글자 문양을 새긴 홈 속을 먼저 설탕가루로 메우고, 흑임자 반죽한 것을 박아 낸다.

참고사항

흑임자가루는 서로 잘 달라붙지 않으므로 찜통에 살짝 찐다. 이렇게 찌면 색이 검어지고 차지면서 거친 맛이 없어진다.

녹말다식

재료 및 분량

오미잣국 1⅓큰술(20mL) | 녹말 1컵(60g) | 계핏가루 1/6작은술 | 말린 생강가루 1/6작은술 | 꿀 1큰술(20g)

만드는 방법

1. 오미자 1/2컵에 물 1컵을 붓고 하룻밤 담가 면포에 받쳐 오미잣국을 만든다.
2. 녹말에 오미잣국을 넣어 손으로 골고루 비벼 물이 고루 들도록 한 뒤 그늘에 말렸다가 김체에 친다.
3. 2에 계핏가루와 말린 생강가루를 넣고 꿀로 반죽한다.
4. 다식판에 반죽을 떼어서 꼭꼭 눌러 박아 낸다.

참고사항

- 오미자는 씻어서 하루 전에 건져 물을 부어 우려 진한 액을 걸러 놓는다.
- 오미자 색이 좋지 않을 때는 연지를 조금 풀어 섞으면 좋다.

용안육다식

재료 및 분량

용안육 200g | 꿀 2큰술(40g)

만드는 방법

1. 용안육은 절구에 곱게 찧는다.
2. 꿀을 넣고 반죽하여 향이 강하므로 아주 작은 다식판에 박아 낸다. 이때 다식판에는 기름을 바르고 반죽을 작게 떼어 내어 엄지손가락으로 꼭꼭 눌러 박아 낸다.

참고사항

- 원문에는 설탕물을 사용하였으나 여기서는 꿀을 사용하였다.
- 중국에서 나는 용안(龍眼)이라는 나무의 열매를 용안이라 한다. 날것으로도 먹고, 말려서도 먹는데, 달고 맛있다.
- 용안육은 끈적거리므로 손에 물을 묻혀 가며 모양을 박아 낸다.

광주백당 | 흰엿

재료 및 분량

멥쌀 8kg | 엿기름가루 600g | 더운물 8L | 통깨 50g | 후춧가루 50g

만드는 방법

1. 멥쌀을 깨끗이 씻어 밥을 지어 솥에 둔다.
2. 엿기름가루를 더운물에 풀어 고운체에 받친다.
3. 2의 엿기름물을 1에 섞어 뚜껑을 덮고 약한 불에 올려서 밥이 삭아 다 물이 되도록 곤다.
4. 3을 베자루에 넣어 짠 후 그 물을 다시 솥에 부어 붉은빛이 날 때까지 뭉근한 불로 곤다.
5. 조린 엿을 꺼내어 식히면 흑당이 되고, 말뚝을 박고 엿을 걸어 늘리면 백당이 된다. 식성에 따라 통깨나 후춧가루를 넣는다.

생강정과

재료 및 분량

생강 100g | 꿀 2½큰술(50g) | 물 1컵(200mL)

만드는 방법

1. 생강은 껍질을 벗겨 씻어서 얇게 저민 다음 물을 붓고 끓여 매운맛을 빼낸다.
2. 매운맛을 뺀 생강에 꿀을 넣어, 맑고 윤기 나며 쫄깃쫄깃할 때까지 약한 불로 조린다.

참고사항

조릴 때 뚜껑을 자주 열어 이슬 맺힌 것을 닦아 주어야 정과가 윤기가 난다.

연근정과

재료 및 분량

연근 200g | 꿀 2½큰술(50g)

만드는 방법

1. 연근은 껍질을 벗겨서 1cm 두께로 둥글게 썰어 물을 부어 삶은 뒤 그 물은 따라 버린다.
2. 삶은 연근에 꿀을 넣고 약한 불로 오래 조린다.

참고사항

- 연근은 썰어 식초물에 담가 두었다가 삶아 내면 빛이 하얗게 된다.
- 붉은빛이 나고 윤기가 있고 쫄깃쫄깃해지면 잘된 것이다. 많은 분량을 졸이면 연근정과의 색이 붉게 된다. 조릴 때 자주 저으면 결정이 생기므로 주의한다.

쪽정과 | 산사쪽정과

재료 및 분량

산사 200g | 설탕 150g | 꿀 2큰술(40g)

만드는 방법

1. 굵은 산사는 쪼개어 크기에 따라 2~3쪽을 내어 씨를 뺀다.
2. 준비한 산사를 냄비에 담아 산사가 잠길 만큼의 물을 붓고 잠깐 데쳐 낸 후 물을 따라 낸다.
3. 물기를 없앤 산사에 꿀을 부어 둔다. 겨울을 지나 봄까지 두어도 색과 맛이 변하지 않는다.

참고사항

산사의 씨를 발라낸 과육을 산사육이라 하는데, 한방에서 소화제로 쓰이는 약재이다.

앵두편

재료 및 분량

앵두 600g | 물 3컵 | 설탕 1컵(170g) | 녹말 6큰술(45g) | 물 6큰술

만드는 방법

1. 앵두는 물이 잠길 정도로 부어 펄펄 끓여서 체에 걸러 씨를 뺀다.
2. 앵두육에 설탕을 넣고 조리다가 녹말을 동량의 물에 풀어 조금씩 넣고 엉기도록 쑨다.
3. 2를 편평하고 네모진 그릇에 쏟아 판판하게 굳힌다.
4. 틀에서 꺼내어 2×3×1cm 정도로 썬다.

참고사항

앵두편은 굳히는 그릇에 물기가 있어야 떼어 낼 때 잘 떨어지므로 물기가 있는 그릇에 쏟아 굳힌다.

복분자편

재료 및 분량

복분자(삶은 것) 600g | 물 4컵 | 설탕 1컵 | 녹말 6큰술 | 물 6큰술

만드는 방법

1. 복분자는 물이 잠길 정도로 부어 펄펄 끓여서 체에 걸러 씨를 뺀다.
2. 복분자육에 설탕을 넣고 조리다가 녹말을 동량의 물에 풀어 조금씩 넣고 엉기도록 쑨다.
3. 2를 편평하고 네모진 그릇에 쏟아 판판하게 굳힌다.
4. 틀에서 꺼내어 2×3×1cm 정도로 썬다.

모과편

재료 및 분량

참모과(살) 300g | 설탕 100g | 녹말 6큰술 | 물 6큰술

만드는 방법

1. 모과는 껍질을 벗기고 4등분하여 씨를 빼내고 얇게 저며서 물을 붓고 삶아 내어 체에 거른다.
2. 모과육에 설탕을 넣고 조리다가 녹말을 동량의 물에 풀어 조금씩 넣고 엉기도록 쑨다.
3. 2를 편평하고 네모진 그릇에 쏟아 판판하게 굳힌다.
4. 틀에서 꺼내어 2×3×1cm 정도로 썬다.

참고사항

- 모과는 늦가을에 나오며 참모과와 개모과 두 종류가 있다.
- 모과편은 빛이 발그스레하고 향기가 좋다.

살구편

벗편

살구편

재료 및 분량

살구 600g | 물 3컵 | 설탕 120g | 녹말 6큰술 | 물 6큰술

만드는 방법

1. 살구는 씨를 빼고 물을 부어 끓인 후 체에 거른다.
2. 살구육에 설탕을 넣고 서서히 조리다가 녹말을 동량의 물에 풀어 조금씩 넣고 엉기도록 쑨다.
3. 2를 편평하고 네모진 그릇에 쏟아 굳힌다.
4. 틀에서 꺼내어 2×3×1cm 정도로 썬다.

참고사항

살구를 조릴 때는 103℃를 넘지 않게 한다. 다른 숙실과와 어울려 담고 봄철 살구가 많을 때 해서 저장해 두고 쓰면 좋다.

벗 편

재료 및 분량

벗 600g | 물 3컵 | 설탕 120g | 녹말 6큰술 | 물 6큰술

만드는 방법

1. 벗이 잠길 정도로 물을 부어 펄펄 끓여서 체에 걸러 씨를 뺀다.
2. 벗육에 설탕을 넣고 서서히 조리다가 녹말을 동량의 물에 풀어 조금씩 넣고 엉기도록 쑨다.
3. 2를 편평하고 네모진 그릇에 쏟아 굳힌다.
4. 틀에서 꺼내어 2×3×1cm 정도로 썬다.

참고사항

벗은 앵둣과에 속하는 벗나무의 열매이다.

제5장

음청류

매자다 | 오매차

재료 및 분량

오매육 30g | 꿀 6큰술(120g)

만드는 방법

1. 오매육은 곱게 가루를 낸다.
2. 뭉근한 불에서 꿀을 끓이다가 오매육가루를 섞어 백항아리에 담아 둔다.
3. 차를 마실 때마다 끓인 물 1컵에 2를 1작은술씩 타서 마신다.

참고사항

- 여름철 물에 타서 마시면 제호탕과 같다고 하였는데, 《규합총서》에는 제호탕 대신 갈증을 풀어 준다고 기록되어 있다.
- 오매(烏梅)는 매실의 껍질을 벗기고 짚불 연기에 그을려 말린 것으로, 설사, 기침, 소갈에 효능이 있다고 알려져 있다. 요즘은 한약재상에서 쉽게 구할 수 있다.

매화다
국화다

매화다 | 매화차

재료 및 분량

매화꽃(말린 것) 5송이(8g) | 물 4컵(800mL)

만드는 방법

1. 대칼로 반쯤 핀 매화 봉오리를 따서 말린다.
2. 물을 끓여 매화꽃을 넣어 우려 마신다.

참고사항

- 여름에 마시는 음료로, 매화를 따서 냉동실에 보관하였다 더운물에 넣어서 마신다.
- 《규합총서》에는 매화꽃을 꿀에 넣어 둔다고 하였다.

국화다 | 국화차

재료 및 분량

감국화(말린 것) 5송이(2g) | 물 4컵(800mL) | 꿀 1¼큰술(25g)

만드는 방법

1. 반쯤 핀 감국화를 푸른 꼭지 없이 딴다.
2. 끓는 물에 감국화를 넣어 1~2분 정도 우려서 꿀을 타 마신다.

참고사항

원문에는 말리지 않은 감국화를 사용하였으나 요즘에는 말린 국화를 차로 사용하므로 말린 감국화로 국화차를 만들었다.

도다 萄茶 | 포도차

재료 및 분량

포도 1송이(450g) | 배(껍질 벗긴 것) 1/4개(145g) | 생강 1톨(5g)

만드는 방법

1. 포도는 깨끗이 씻어 으깨어 면포에 넣어 즙을 짠다.
2. 배와 생강은 껍질을 벗기고, 강판에 갈아 면포에 넣어 즙을 짜낸다.
3. 1과 2의 즙을 섞어 마신다.

참고사항

- 원문에는 꿀과 백비탕 식힌 물을 넣으라고 되어 있으나, 요즘 배는 수분이 많고, 당도도 높아서 꿀과 물을 넣지 않았다. 그러나 식성에 따라 꿀이나 끓여 식힌 물을 넣어 마셔도 된다.
- 《규합총서》에는 생강 자연즙(自然汁)을 생강 전강즙이라고 표현하였다.

화채국 | 창면·책면

재료 및 분량

오미잣국 : 오미자 1/2컵(45g), 물 6컵(1.2L)

녹말국수 : 녹말 1/2컵(70g), 물 1/2컵

꿀 60g

고명 : 배 1/4개, 잣 1/2큰술

만드는 방법

1. 오미자를 냉수에 10시간 정도 담가 놓았다가 다 우러나면 면포에 밭쳐 꿀을 탄다.
2. 녹말을 물에 풀어서 물기가 있는 편평한 그릇에 얇게 부어서 끓는 물 위에 띄워 중탕으로 익힌다.
3. 녹말물의 표면에 물기가 완전히 없어지면 그릇째 끓는 물속에 넣어 투명하게 익힌다.
4. 3을 더운물에 담갔다가 떼어 내어 가늘게 채 썬다.
5. 오미잣국에 4를 넣고, 잣을 띄운다. 배의 껍질을 벗겨 채 썰어 넣기도 한다.

참고사항

- **오미잣국** : 예전에는 오미자를 우릴 때 40℃의 물에 10시간 정도 담갔다가 사용하였으나 요즘에는 냉수에 담가 사용한다.
- **편평한 그릇** : 예전에는 놋쟁반을 사용하였으나, 요즘은 스테인리스 스틸 그릇을 사용할 수 있다.

향설고

재료 및 분량

문배 1개(배 1/4개, 145g) | 통후추 1/2작은술 | 꿀 80g | 물 4컵(800mL) | 생강 15g

만드는 방법

1. 문배는 길이로 4등분하여 씨 부분을 제거하고 껍질을 벗긴다.
2. 통후추는 물에 씻어 배에 3개를 깊숙이 박는다.
3. 냄비에 배, 꿀, 물, 생강 저민 것을 넣어 약한 불에서 은근하게 끓인다.

참고사항

문배는 문배나무의 열매로, 모양이 갸름하고 꼭지 부분이 뾰족한 배의 일종인 고산리(高山梨)와 비슷하다. 배와 같은 구형으로 10월에 황색으로 익고, 석세포가 많아 단단하다. 배가 시지 않으면 오미잣국(오미자 1/2컵(45g)을 물 1.2L에 우린 물)을 조금 넣으면 좋다.

원소병 元宵餠

재료 및 분량

반죽 1 : 찹쌀가루 1컵(100g), 설탕물 2큰술(30mL)

반죽 2 : 찹쌀가루 1컵(100g), 대추육 2큰술(24g)

설탕물 : 설탕 1컵(170g), 물 800mL

만드는 방법

1. 찹쌀가루를 고운체에 쳐서 설탕물로 익반죽한다.
2. 대추를 쪄서 으깨 걸러 낸 대추육에 찹쌀가루를 넣어 반죽한다.
3. 1과 2를 섞어 만든 반죽을 경단만하게 빚어 설탕물에 삶아 낸 후 더운물에 헹군다.
4. 경단을 삶아 낸 물을 식힌 후 경단을 띄운다.

참고사항

- 설탕과 물을 1 : 4의 비율로 하여 설탕이 녹을 정도로 설탕물을 끓인다. 붉은 물을 들이기 위해 대추육을 사용하였다. 요즘은 경단에 소를 넣어 사용하나 《부인필지》에는 소를 사용하지 않았다. 원문에는 설탕물에 삶은 경단을 더운물에 헹구고, 끓인 물을 식힌다는 표현은 없었으나, 국물이 탁하여 재현할 때에는 경단 삶은 물을 사용하지는 않았다. 또한 원소병이 찬 음료이고, 찹쌀이 늘어나는 것을 방지하기 위하여 경단을 찬물에 헹구었으며, 끓인 설탕물을 차게 식혀 사용하였다.
- 《규합총서》에는 대추를 쪄서 으깨 거른 소를 넣어 경단만한 크기로 둥글게 빚어 삶아서 설탕물에 띄웠다.

제2부
부인필지
원문과 번역본

부인필지

권상 목녹 셔ᄎᆞ

음식총논 일장

약주졔품 니장

장쵸졔법 ᄉᆞ장

반쥭졔품 칠장

다품 팔장

침치졔품 팔장

어육품 구장

상국류 십일장

치소류 십ᄉᆞ장

병과류 십오장

과치슈장법 십구장

졔과독 이십일

졔유슈취법 이십일

하권 목록 셔ᄎᆞ

의복 이십이

방덕 이십ᄉᆞ

짐상 이십ᄉᆞ

도침법 이십오

세의법 이십뉵

좀못먹는법 이십뉵

유ᄎᆞᆺ는 법 이십뉵

ᄉᆞ물 이십칠

물류상감 ᄉᆞᆷ십

부인필지(夫人必知, 婦人弼支)

상권 목록 서차(上卷 目錄 序次)

일 장[1] : 음식총론(飮食總論)

이 장 : 약주제품(藥酒諸品)

삼 장 : 장초제법(醬醋製法)

칠 장 : 반죽제품(飯粥諸品)

팔 장 : 다품(茶品)

팔 장 : 침채제품(沈菜諸品)

구 장 : 어육품(魚肉品)

십일 장 : 상극류(相剋類)

십사 장 : 채소류(菜蔬類)

십오 장 : 병과류(餠果類)

십구 장 : 과채수장법(果菜水藏法)

이십일 장 : 제과독(諸果毒)

이십일 장 : 제유수취법(諸油水取法)

하권 목록 서차(下卷 目錄 序次)[2]

이십이 장 : 의복(衣服)

이십사 장 : 방적(紡績)

이십사 장 : 잠상(蠶桑)

이십오 장 : 도침법(搗砧法)

이십육 장 : 세의법(洗衣法)

이십육 장 : 좀 못 먹는 법(衣魚不食法)

이십육 장 : 수 놓는 법(刺繡法)

이십칠 장 : 사물(四物, 事物)

삼십 장 : 물류상감(物類相感)

1 《부인필지》 이 책에서 장이라는 표현은 원문의 쪽수를 나타낸다.

2 음식과 관련되지 않은 부인필지 하권은 옮기지 않았다.

음식총논

밥먹기는봄갓치ᄒᆞ고국먹기는여름갓치ᄒᆞ고장먹기는가을갓치ᄒᆞ고술먹기는겨울갓치ᄒᆞ라ᄒᆞ니밥은ᄯᅡ뜻ᄒᆞ고국은ᄯᅳ겁고장은션을ᄒᆞ고슐은찬것을ᄒᆞᆷ이니라

더져음식은싱명을공양ᄒᆞ고신도롤ᄒᆞᆷ항ᄒᆞᄂᆞᆫ거시니졍결치못ᄒᆞ면맛당치아닌지라사치롭고져ᄒᆞᆷ이아니요졍셩을일위고져ᄒᆞᆷ이니고로공부자게셔도음식빗이사오납거나냄시가사오납거나닉히기를잘못ᄒᆞ얏거나버인것이발우지안커나그쟝을엇지못ᄒᆞ거나ᄯᅢ아닌것을다잡슈시지아니ᄒᆞ시니라

삿기쟈라와삿기셩과개의길허와돗의골과싱션의골과쟈라의ᄯᅩᆼ집과닭의간과사슴의길허와간과여호의뒤강이와삵의등마루와푸른오리와쿠튼기러기를다먹지말고바린다ᄒᆞᄂᆞ니라

1. 음식총론

밥 먹기는 봄같이 하고, 국 먹기는 여름같이 하고, 장 먹기는 가을같이 하고, 술 먹기는 겨울같이 하라 하니 밥은 따뜻하고, 국은 뜨겁고, 장은 서늘하고, 술은 찬 것이어야 한다.

대체로 음식은 생명을 공양[3]하고 신도[4]를 흠향[5]하는 것이고, 정결하지 못하면 마땅치 않은 것이니 사치스럽고자 하는 것이 아니라 정성을 이르고자 함이다. 그러므로 공부자[6]께서도 음식의 빛이 사나운 것, 냄새가 사나운 것, 익히기를 잘못한 것, 칼로 자른 모양이 바르지 못한 것, 그 장 마땅치 않은 것, 계절이 아닌 것은 잡숫지 않으셨다 한다[7].

새끼 자라, 새끼 꿩, 개의 비장, 돼지의 골, 생선의 골, 자라의 똥집, 닭의 간, 사슴의 지라와 간, 여우의 대강이[8], 살쾡이의 등마루와 푸른 오리와 푸른 기러기를 다 먹지 말고 버린다 한다.

3 공양(供養) : 1. 웃어른에게 음식을 대접함, 2. 부처 앞에 음식물을 올림

4 신도(神道) : 영묘한 신의 도리

5 흠향(歆饗) : 신명이 재물을 받음, 신이나 조상을 위하여 잔치를 함

6 공부자 : 공자의 높임말

7 「논어(論語)」 향당편(鄕黨篇)에 실린 공자(孔子)가 제사 지낼 때 삼가야 할 13가지 사항 : 1. 쌀밥은 지나치게 도정하지 않은 쌀로 짓고, 육회는 너무 잘게 썰어서는 안 된다(米飯不壓精白 肉膾不壓細切). 2. 밥은 너무 뜨겁거나 너무 질거나 혹은 맛이 변했거나 한 것은 먹지 않는다. 어류와 육류는 맛이 변했거나 부패한 것은 먹지 않는다(飯太熱太濕 或變味了的 不吃…魚類 肉類變味腐敗了的不吃). 3. 음식은 평소의 색깔과 같지 않거나 맛이 변한 것은 먹지 않는다(食物跟平常的顔色不同, 味道變了的不吃). 4. 날 것이 잘 익지 않은 것은 먹지 말고, 잘 조리되지 않은 것은 먹지 않는다(生熟沒煮好的不吃, 不是正餐不吃). 5. 고기가 바르게 잘라지지 않은 것은 먹지 말고, 간이 되지 않은 고기는 먹지 않는다(肉切不方正的不吃, 沒有醬的肉不吃). 6. 고기가 비록 많아도 밥보다 많이 먹어서는 안 된다(肉雖然多 不使吃 肉比吃飯還多). 7. 술은 각자의 주량에 따라서 마시게 하고, 술주정을 부릴 정도로 마셔서는 안 된다(喝酒接酒量, 不喝到醉而惹事). 8. 가게에서 사온 술이나 말린 고기는 깨끗지 못하다고 생각되면 먹지 않는다(街上零買來的酒, 肉乾怕不乾淨不吃). 9. 제사상에 생강은 치워서는 안 되고, 먹는 음식은 역시 많이 먹어서는 안 된다(桌上生薑不可撤走, 食物也不可多吃). 10. 나라님을 도와서 제사를 지낼 때 여러 차례 나누어 가지고 온 제사고기는 제사를 지낸 그날로 나누어서 사람들에게 보내 주어야 한다(幫助國君祭祀, 分回來的祭肉, 當天便分送給人). 11. 제사를 지낸 고기는 3일이 지난 것은 먹을 수가 없다(祭肉不能留着超過三天, 便不能吃了). 12. 제사음식을 먹을 때는 말을 해서는 안 되고, 잠을 잘 때도 조용히 해야 한다(吃的時候不講話, 睡的時候要肅靜). 13. 비록 거친밥이나 채소국이나 외종류를 임시로 꼭 제사에 써야 할 때도 반드시 공경하는 마음이 있어야 한다(雖然是粗飯, 菜湯, 瓜類臨食時也必祭 而且要有敬意).

8 대강이 : 머리의 속된 말

약쥬졔품

구긔쥬법 뎡월샹인일에구기나무ᄲᅮ리ᄅᆞᆯ캐셔음건ᄒᆞ야ᄒᆞᆫ근을
이월샹묘일에쳥쥬ᄒᆞᆫ말에담가칠일만에더ᄒᆞ오되시후에먹지말며
사월샹ᄉᆞ일에닙흘ᄏᆡ야오월샹오일에술에담그고칠월샹신일에ᄭᅩᆺ은
ᄏᆡ야팔월샹유일에술에담그고시월샹자일에열ᄆᆡᄅᆞᆯᄏᆡ야십일월샹
자일에담거다가봄므든(예ᄒᆞᆫ)법과갓치ᄒᆞ야먹으면장싱불로ᄒᆞᄂᆞᆫ신션ᄒᆞᆷ
이라ᄒᆞᄂᆞ니라

도화쥬법 뎡월에ᄇᆡᆨ미두말닷되ᄅᆞᆯ졍히ᄊᆞ셔작말ᄒᆞ고물두말닷되
ᄅᆞᆯᄭᅳᆯ여ᄀᆡ야어름갓치ᄎᆞ게ᄒᆞ야조ᄒᆞᆫ누룩ᄒᆞᆫ되ᄅᆞᆯ더말ᄒᆞᆫ되셕거항아
이에너어두엇다가도화픠거든ᄇᆡᆨ미ᄭᅪ졈미찹ᄊᆞᆯ각ᄉᆞᆷ두ᄅᆞᆯ졍히ᄊᆞ셔ᄒᆞᆷ
ᄒᆞ야ᄶᅵ고물엿말을ᄭᅳᆯ여밥과물이다식은후면져민든술밋에버무려
도화두되ᄅᆞᆯ뎌뎌독밋ᄒᆡ너코밥그릇ᄒᆞᆫ것ᄉᆞᆯ나너코도화셕되가지ᄅᆞᆯ군간은
뎨넘어낫치ᄂᆞ니라본방이비쳐ᄎᆞ보최겐술다면등븐ᄒᆞ야ᄋᆞᆯ저서라뎌져
빅미닷ᄃᆡ쌀비ᄎᆞ졈미닷ᄃᆡ찹쌀비ᄎᆞ물ᄉᆞᆫ되ᄂᆞᆫ드ᄂᆞᆫᄉᆞᆯ물으략ᄒᆞᄂᆞ니라

2. 약주제품

1) 구기주법

정월 상인일[9]에 구기나무[10] 뿌리를 캐서 음건[11]하여 1근을 2월 상묘일[12]에 청주 1말에 담가 7일 만에 먹되 식후에 먹지 말라. 4월 상사일[13]에 잎을 따서 5월 상오일[14]에 술에 담그고, 7월 상신일[15]에 꽃을 따서 8월 상유일[16]에 술에 담근다. 10월 상자일[17]에 열매를 따서 11월 상자일에 담갔다가 봄에 하던 법과 같이 하여 먹으면 장생불로[18]하는 신선방[19]이라 한다.

2) 도화주법

정월에 백미 2말 5되를 정히[20] 씻어 작말[21]한다. 물 2말 5되를 끓여 개어 얼음같이 차게 한다. 좋은 누룩 1되를 진말[22] 1되와 섞어 항[23]에 넣어 둔다. 도화[24]가 피면 백미[25]와 점미[26] 각 3말을 깨끗이 씻어 합하여 찌고 물 6말을 끓인다. 밥과 물이 다 식은 후 먼저 만든 술밑에 버무려 복숭아꽃 2되를 먼저 독 밑에 넣고 버무린 것을 다 넣고 복숭아 나뭇가지 3~4가지를 그 가운데 넣어 익힌다.

본 방법이 이러하나 적게 하려면 등분하여 할 수 있다. 대체로 백미는 멥쌀이요, 점미는 찹쌀이요, 물 1되는 1사발이라 한다.

9 상인일(上寅日) : 정월 첫 번째 범날. 이날 여자가 남의 집에서 대소변을 보면 호랑이에게 당한다 하여 바깥출입을 삼갔다.
10 구기나무 : 가짓과의 나무관목으로 여름에 자줏빛 꽃이 피고 가을에 길고 둥근 열매가 붉게 익는다. 어린순은 나물로 먹고 열매는 차로 하며 뿌리는 한방에서 지골피라 한다.
11 음건(陰乾) : 그늘진 곳에서 말림. 그늘말림법
12 상묘일(上卯日) : 2월의 첫 번째 토끼날
13 상사일(上巳日) : 여섯째 지지, 4월의 첫 번째 뱀날
14 상오일(上午日) : 5월의 첫 번째 말날
15 상신일(上申日) : 아홉 번째 지지, 7월의 첫 번째 원숭이날
16 상유일(上酉日) : 십이지의 열째, 8월의 첫 번째 닭날
17 상자일(上子日) : 10월의 첫 쥐날. 농가에서 첫 쥐날 새벽에 방아를 찧거나 콩을 볶으면서 '쥐주둥이를 지진다' 고 주문을 외면 쥐가 없어진다고 한다.
18 장생불로(長生不老) : 오래도록 늙지 않고 삶
19 신선방(神仙方) : 선도를 닦아 신통력을 얻는 방법
20 정히 : 깨끗하게
21 작말(作末) : 가루로 만듦
22 진말(眞末) : 밀가루
23 항 : 항아리
24 도화(桃花) : 복숭아꽃
25 백미(白米) : 희게 쓿은 멥쌀. 흰쌀
26 점미(粘米) : 찹쌀

연엽쥬법 ᄇᆡᆨ미 ᄒᆞᆫ 말 졍히 시서 ᄶᅵ고 물 두 되 ᄭᅳ려 밥과 물이 다 식은 후ᄂᆞᆫ
더석고 누룩가루 칠홉 섯거 ᄲᆞᄒᆞ야 연 닙을 독 ᄀᆞᆺ 채ᄂᆞᆫ 밥 ᄒᆞᆫ 켜 녀코 누룩가
루 펴ᄂᆞᆫ ᄯᅩ 연닙 녀ᄂᆞᆫ 밥 녀코 누룩 펴셔 켜 셜기 안치ᄃᆞᆺ ᄒᆞ야 ᄃᆞᆫ〃히 봉ᄒᆞ야 상
긔 아니 ᄯᅩ 이게 두어 익히여 일 졍ᄀᆞᆫ 물을 드리 저ᄋᆞ며 더우면 쉬기 쉬우니 가을의
빈 ᄂᆞᆷ 밝ᄋᆞ기 젼 비ᄌᆞ면 ᄒᆞᆫ 이상 ᄒᆞᆫ 우려두어 三변 ᄒᆞᆯ 적 ᄆᆞ이 ᄒᆞᆫ ᄂᆡ가 ᄯᅳ고 무쥬에
다ᄅᆞᆫ 술을 부어도 향ᄂᆡ가 의구ᄒᆞᄂᆞ니라

와숑쥬법 비ᄉᆞᆫ 비ᄂᆞᆫ 큰 솔 나모ᄅᆞᆯ 궁깁피 ᄯᅮᆯ고 가온ᄃᆡ 술을 비저 녀코 솔나
무 ᄯᅮ베 ᄒᆞ야 덥고 ᄒᆞᆰ으로 ᄐᆞᆷ 업시 ᄇᆞᄅᆞ고 돌노 덥허 비 물 드지 말게 ᄒᆞ야 닉
히면 쳥향 ᄆᆞᆫ구ᄒᆞᄂᆞ니라

국화쥬법 황국이 픠거든 술 ᄒᆞᄂᆞᆫ 날 ᄭᅩᆺ 두 되ᄅᆞᆯ 쥼치에 너허 독 속에 ᄃᆞᆯ면 향ᄃᆡ
가득ᄒᆞ여 ᄆᆡ화 연화도 이 법ᄃᆡ로 ᄒᆞ면 조코

3) 연엽주법

멥쌀 1말을 깨끗이 씻어 찌고, 물 2되를 끓여 밥과 물이 다 식은 후 한데 섞는다. 누룩가루 7홉을 세말[27]한다. 연잎을 독 밑에 펴고, 밥 한 켜 넣고 누룩가루 펴고, 또 연잎 펴고 밥 넣고 누룩을 펴서 켜떡 안치듯 하여 단단히 봉하여 양기[28] 안 쏘이게 두어 익힌다. 일절 객물[29]을 들이지 말며, 더우면 쉬기 쉬우니 가을에 연잎 마르기 전에 빚으면 향이 이상하다. 이 술은 오래 두어도 변하지 않는다. 뜨고 난 후에 모주[30]에 다른 술을 부어도 향미가 의구하다.[31]

4) 와송[32]주법

비슷이 누운 큰 소나무를 구유[33]을 파고 그 가운데 술을 빚어 넣는다. 소나무 뚜껑을 하여 덮고, 흙을 틈 없이 발라 풀로 덮어 빗물이 들지 않게 하여 익히면 청향만구[34]하다.

5) 국화주법

황국[35]이 피거든 술 1말에 꽃 2되를 줌치[36]에 넣어 독 속에 달면 향취가 가득하다.

6) 매화주

국화주법대로 하면 좋다.

☘ 역자 주 : 원문에는 매화주라 명시되지 않았으나 조리법으로 보아 매화주라 하였다.

7) 연엽주

국화주법대로 하면 좋다.

☘ 역자 주 : 원문에는 연엽주라 명시되지 않았으나 조리법으로 보아 연엽주라 하였다.

27 세말(細末) : 곱게 가루 내다.
28 양기(陽氣) : 햇볕의 기운
29 객물 : 다른 물
30 모주(母酒) : 밑술
31 의구하다 : 변함이 없다.
32 와송(臥松) : 옆으로 누운 소나무
33 구유 : 소나 말 따위의 가축들에게 먹이를 담아 주는 큰 그릇으로 나무나 돌을 깊이 파서 만든 것
34 청향만구(淸香萬口) : 좋은 향기가 오래오래 지속되다.
35 황국(黃菊) : 빛이 누른 국화
36 줌치 : 줌은 주먹의 준말로 줌치는 작은 주머니이다.

ᄀᆞᄅᆞᆫ 술의 너흐면 맛이 싀기 쉬오니 술 ᄭᅳᆫ 벗ᄃᆡ 숩치게 ᄯᅥ 독속에 담으면 향취
귀이ᄒᆞᄂᆞ니라

두견쥬법 정월 첫 ᄒᆡ일에 ᄇᆡᆨ미 두 말 닷 되 정히 씨서 작말ᄒᆞ야 소라기에 담고 믈
두 말 닷 되를 ᄭᅳᆯ혀 그 ᄡᆞᆯ가루에 고루 부어 ᄀᆡ야 밤 지와 버흔 갓치 식은 후 가루누
룩을 미술 갓치 ᄇᆞᆺ희 ᄇᆞᆯ ᄒᆞ야 김 체에 쳐서 그릇의 흡 마진 말 칠홉을 너어 고루 버
무려 ᄒᆞᆫ 아리를 정히 울어 식다가 버침을 불 ᄐᆡ워 ᄒᆞᆫ 아리를 불에 덥혀 ᄯᅥᆫ 기가 ᄒᆞᆫ 속에
가득ᄒᆞᆫ 뎌 도지리ᄒᆞᆫ 자 ᄒᆞ넌 ᄒᆞᆫ 됫시ᄂᆞᆫ 술 ᄆᆞᆯ긋을 ᄯᅥ어 ᄂᆡᆫ ᄒᆡ 봉ᄒᆞ야 양거 믹취지
아닌 곳에 두엇다가 삼월의 두견화 픠어든 ᄭᅩᆺ술 업시 ᄒᆞᆫ 말 다고 ᄇᆡᆨ미 서 말과 점미
서 말을 정히 쓰러 씻고 씻서 각각 씻되 물을 ᄡᆞᆯ과 갓치 벗 말을 되여 노코 메밥 ᄶᅵ는 물
을 흠벅 쥬어 ᄲᅢ여 업시 짓고 찰밥에는 세 ᄉᆞ발 좀 색 더다 서진 후 찰밥은 직시 혜쳐 식여
고 메밥은 소라에 담어 덥허 노코 밥에 쥬고 남은 물을 곱ᄋᆞ지게 ᄭᅳᆯ혀 메밥에 두쎄
ᄇᆡᆨ 저부어 도록 덥허 두면 밥이 부러 끌이 ᄂᆞ들두 ᄒᆞᆫ 적 여 헤쳐 더운 긔가 조곰도 업시
식여 술 밋슬 너며 메밥과 찰밥을 각 그릇에 버무리되 술 밋이 져근 ᄃᆡᄂᆞᆫ 셔 버노흔 물
을 차게 식여 볏 그릇 타서 섯거 버무러 메밥 ᄒᆞᆫ 켜 찰밥 ᄒᆞᆫ 켜 ᄭᅩᆺ ᄒᆞᆫ 켜식 넛타가 민우에는 메밥
을 엄고 물 ᄒᆞᆫ 술 조곰 남겻다가 그릇부시며 부어 ᄒᆞᆫ 두 히 ᄒᆞᆫ 후 ᄒᆞᆫ 삼칠일 되거든 청
양에 물 켜 독 속에 뎌며 보아 결이 ᄒᆞᆫ 비 셔 재변 다녀ᄂᆞᆫ 것 ᄒᆞ여 강 ᄒᆞᆫ 젼ᄒᆞᆫ 고이 ᄒᆞᆫ 치면 청
쥬가 ᄒᆞᆫ 맑은 ᄒᆞᆫ 오지병 ᄒᆡ 더어도 ᄒᆞᆫ 야 과하ᄒᆞ야도 변치 안이 ᄒᆞᄂᆞ니라

8) 귤 주

귤은 술에 넣으면 맛이 쉬기 쉬우니 껍질만 벗겨 줌치에 넣어 독 속에 달면 향취가 기이하다.

☘ 역자 주 : 원문에는 귤주라 명시되지 않았으나 조리법으로 보아 귤주라 하였다.

9) 두견주법

정월 첫 해일[37]에 멥쌀 2말 5되를 깨끗이 씻어 가루 내어 소라기[38]에 담는다. 물 2말 5되를 펄펄 끓여 쌀가루에 고루 부어 개어 밤을 재워 얼음같이 식힌다. 누룩가루를 이슬 맞혀 볕에 말려 깁체[39]에 쳐서 1되 3홉과 밀가루 7홉을 넣고 고루 버무린다. 항아리를 깨끗이 우렸다가 볏짚을 불태워 항아리를 불에 덮어 연기가 항 속에 가득한 채로 재티[40]만 행주로 얼른 훔쳐 낸다. (소독한 항아리에) 술밑을 넣어 단단히 봉하여 양기 비치지 아니 한 곳에 둔다.

삼월에 두견화 피거든 꽃술 없이 1말을 따고, 멥쌀 3말과 찹쌀 3말을 깨끗이 쓸어 여러 번 씻는다. 물을 쌀과 같이 6말을 되어 놓고 메밥에는 물을 흠뻑 주어 뼈 없이 짓고, 찰밥에는 3사발쯤 뿌려 다 찐 후 찰밥은 즉시 헤쳐 식히고, 메밥은 소라기에 담아 덮어 놓는다. 밥에 주고 남은 물을 고부지게[41] 끓여 메밥에 2~3바가지 퍼부어 도로 덮어 두면 밥이 불어 김이 들거든 초석[42]에 헤쳐 더운 기가 조금도 없이 식힌다.

밑술을 내어서 메밥과 찰밥을 각 그릇에 버무리되 밑술이 적을 터이니 끓여 놓은 물을 차게 식혀 몇 그릇 타서 버무린다. 메밥 한 켜, 찰밥 한 켜, 꽃 한 켜씩 넣었다가 맨 위에는 메밥을 덮고 물을 조금 남겼다가 그릇 부시어 부어 단단히 봉하여 익힌다. 삼칠일[43] 되거든 성냥에 불을 붙여 독 속에 대어 보아 불이 꺼지지 않으면 다 익은 것이니 가운데를 가만히 헤치면 청주가 용출하니 오지병에 넣어 도청[44]하면 과하[45]하여도 변치 않는다.

37 첫 해일(亥日) : 첫 번째 돼지날
38 소라기 : 독 뚜껑이나 그릇으로 쓰이는 굽이 없는 질그릇
39 깁체 : 고운 가루를 내는 데 쓰이는 고운체
40 재티 : 재의 티
41 고부지게 : 펄펄 많이 끓여
42 초석(草石) : 짚으로 만든 자리
43 삼칠일 : 세이레, 21일
44 도청(淘淸) : 탁한 액체를 가라앉혀서 말갛게 만듦
45 과하(過夏) : 여름을 지냄. 여름을 남

소국쥬법

졍월쳣ᄒᆡ일에 셰ᄎᆞᆫ누룩 칠홉을 믈 다ᄉᆞᆺ 되에 담가 ᄉᆞᆷ일 만에 졔국에 ᄶᅡ서 체에 밧치ᄂᆞᆫ 빅미 다ᄉᆞᆺ 되ᄅᆞᆯ 졍히 씨서 작말ᄒᆞ야 손 ᄀᆞᆷ뢰지 말고 ᄒᆞᆫ 믈이 섯ᄯᅥ 운김에 ᄉᆞᆯ가ᄅᆞ을 ᄯᅳ더 누룩 거든 믈에 너허 두엇다가 삼일만에 ᄯᅩᆼ을 ᄇᆞᆫ 복숑화 남ᄀᆞ 가질로 졋어 지거 져버 차게 두엇다가 이월 ᄎᆞᆷ 끗 보아 쳘 ᄇᆡᆨ셥 셜ᄒᆞ거든 ᄇᆡᆨ미 ᄒᆞᆫ 말 졍히 씨서 ᄆᆞᆯ노 ᄀᆞᆷ되 ᄀᆞᄅᆞ ᄲᅧ여 가ᄇᆡ흠 ᄲᅧ며 ᄶᅧ서 더운김에 ᄉᆞᆯ보헤 ᄭᅥ브고 동도지로 져어 덥허 두엇다가 삼칠일 만에 ᄯᅳ면 조ᄏᆡ되 ᄒᆡᆼ이 ᄏᆞ면 군ᄂᆡ가 나ᄂᆞ니라 인간 ᄉᆞᆯ이 ᄌᆞ바 잠겹난 곳에 두어 ᄒᆞ과 ᄀᆞ와 양거ᄅᆞ 일졀 거ᄒᆞ고 더우면 맛이 변ᄒᆞ되 소국쥬ᄂᆞᆫ 누룩ᄂᆡ 업ᄉᆞ니 ᄀᆞ감 가숨 일만에 걸음쥬ᄂᆞᆫ 맛과 지에ᄂᆞᆫ 다ᄃᆞᆯᄂᆞᆫ 김에 ᄒᆞᄂᆞᆫ 골ᄆᆞᆯ 쉬여 양유 갓고 쥐키 ᄃᆞᆯᄒᆞᄂᆞ니라

과하쥬법

츈하간에 빅미 ᄒᆞᆫ 되 작말ᄒᆞ야 범벅 기야 식은 후 가ᄅᆞ누룩 오홉 너허 두엇다가 맛이 쓰거든 (소주 기고 ᄂᆞ부ᄋᆞᆷ다과) 졈미 ᄒᆞᆫ 말 지에 셔혀 ᄎᆞᆫ식여 ᄉᆞᆯ밋헤 버무려 두엇다가 맛이 쓰거든 소쥬 고아 부엇다가 칠일만에 ᄯᅳ되 ᄎᆞᆫᄆᆞᆯ에 소쥬 ᄆᆞᆯ그릇식 부으라

감향쥬법

졈미 서 되 졍히 씨서 작말ᄒᆞ야 잡쳬에 쳔ᄂᆞᆫ 누룩을 미ᄉᆞᆯ 갓치ᄂᆞᆫ ᄯᅢ ᄒᆞᆫ바 ᄶᅵ며 셰말ᄒᆞ야 감쳬로 쳐서 더운김에 ᄂᆞᆺ고 쌀ᄀᆞᄅᆞ 마치 번석에 매도된 물에 ᄯᅳᄅᆞᆯ 속ᄉᆞᆯ ᄆᆡ 누룩ᄀᆞᄅᆞ에 더퉁뢰 ᄀᆞ로 ᄒᆞᆯ 작ᄐᆞᆼ어 ᄶᅵ게 져어 ᄃᆡᆼ이 봉ᄒᆞ야 더운ᄃᆡ 두엇다가 삼일 만에 ᄉᆞᆯ이 ᄃᆞᆯ거든 졈미 ᄒᆞᆫ 말 졍히 씨서 ᄶᅧ쳐 시ᄋᆡ 쳐셔며 ᄂᆞᆺ고 다ᄅᆞᆫ 그ᄅᆞᆺ에 차차 셔며 너야 ᄉᆞᆯ밋ᄒᆞ로 ᄒᆡ게 버무려 가며 ᄒᆞᆫ번 ᄎᆞᄂᆞᆫ 너으되 더운김이 나지 안케ᄒᆞ야 ᄃᆞ덥ᄒᆞᆫ 후 봉ᄒᆞ야 더운ᄃᆡ 두어 겹게 덥허 두엇다가 삼칠일 만에 ᄯᅳᄂᆞ니라

10) 소국주법

정월 첫 해일[46] 섬치[47]누룩 7홉을 냉수 8되에 담가 4일 만에 제국[48]에 짜서 체에 밭친다. 멥쌀 5되를 깨끗이 씻어 가루 내어 손김 뵈지 말고[49] 흰 무리떡 쪄서 더운 김에 순가락으로 뜯어 누룩 거른 물에 넣어 둔다. 3일 만에 동쪽으로 뻗은 복숭아 나뭇가지로 풀어지게 저어서 차게 둔다. 2월쯤 맛보아 달콤쌉쌀[50]하거든 멥쌀 1말 깨끗이 씻어 물 7되쯤 뿌려가며 흠뻑 쪄서 더운 김에 술밑에 퍼 붓는다. 동도지[51]로 저어 덮어 둔다. 21일 만에 뜨면 좋다.

항아리가 크면 군내가 난다. 온갖 술을 다 바람 없는 곳에 두어 화기와 양기를 모두 기한다.[52] 더우면 맛이 변하는데 소국주는 누룩만 냉수에 담가 3일 만에 거른 후 밑술과 지에[53]을 다 끓는 김에 하기 때문에 맑기가 냉수 같고 덜 취한다.

11) 과하주법

봄, 여름 사이에 멥쌀 1되를 가루 내어 범벅같이 개어 식힌 후 누룩가루 5홉을 넣어 둔다. 맛이 쓰거든 소주를 고아 부었다가 찹쌀 1말 지에밥으로 쪄서 헤쳐 식혀 술밑에 버무려 둔다. 맛이 쓰거든 소주를 고아서 부었다가 7일 만에 뜬다. 1말에 소주 10그릇씩 붓는다.

12) 감향주법

찹쌀 3되 깨끗이 씻어 가루 내어 고운체에 친다. 누룩을 이슬 맞히고 볕에 바래어 세말[54]하여 고운체로 쳐서 1되 만들어 놓는다. (찹)쌀가루로 구멍떡을 만들어 물에 뜨도록 삶아 누룩가루에 넣는다. 풀젓개[55]로 활짝 풀어지게 저어 단단히 봉하여 더운 데 둔다. 3일 만에 맛이 달거든 찹쌀 1말을 깨끗이 씻어 쪄서 시루째 떼어 놓는다. 다른 그릇에 차차[56] 떼 내어 술밑으로 되게 버무려 가며 항아리에 조금씩 넣는다. 더운 김이 나가지 않게 하였다가 넣은 후에 봉하여 더운 데 두껍게 덮어 둔다. 3일 만에 서늘한 데 두어 21일 만에 뜬다.

46 해일(亥日) : 돼지날
47 섬치 : (방) 섬누룩
섬누룩 : 품질이 좀 낮은 누룩. 밀을 갈거나 찧어서 크고 둥글넓적하게 만들어 막걸리나 소주를 만드는 데 쓴다.
48 제국 : 다른 것이 섞이지 않은 본디 그대로
49 손김뵈지말고 : 열어 보고 쑤셔 보고 하지 말고 푹 (정양완 역주 규합총서)
50 달콤쌉쌀 : 조금 달고도 쌉쌀하다.
51 동도지 : 동쪽으로 가지를 뻗은 복숭아 나뭇가지
52 기하다 : 꺼리다. 피하다
53 지에(지에밥) : 시루에 찐 고두밥
54 세말 : 고운 가루
55 풀젓개 : 풀을 쑬 때 휘젓는 막대기
56 차차 : 조금씩

ᄒᆞᆯᄋᆞᆫ쥬법 졈ᄉᆞᆯ 되ᄆᆞᆯ리오 되오 만케 쥭 ᄊᆞ어 누룩 가로 서 되 닷홉 섯거 ᄒᆞᆫ아리여
담고 ᄯᅢ 모도 ᄯᅥ 실ᄂᆞᆫ 드러지게 져어 거품이 닐어나거든 직시 ᄒᆞᆼ봉ᄒᆞ야 ᄯᅡ
ᄉᆞᆺᄒᆞᆫ 데 두면 져녁에 술이 되ᄂᆞ니라

삼일쥬법 경ᄋᆞᆯ에ᄂᆞᆫ 정화슈 ᄂᆞᆫ 병 미 ᄂᆞᆫ 물을 ᄭᅳᆯ혀 도로 식여 ᄒᆞᆫ 병에 누룩 가로
되 옹셕거 한데 너코 ᄇᆡᆨ미 ᄒᆞᆫ 되 졍히 씨서 쥭 ᄊᆞ어 셕거 너흐면 ᄉᆞᆷ일에 술이 되ᄂᆞ니라

송절쥬법 ᄇᆡᆨ미 닷 되 ᄅᆞᆯ 연히 씨서 작말ᄒᆞ야 물 닷 되로 ᄆᆞᆯ이 ᄒᆞ야 식이고 누룩 칠홉 진
ᄀᆞᆯᄅᆡ 칠홉 넘어 버므려 ᄃᆞᆫᄃᆞᆫ히 봉ᄒᆞ야 블 ᄯᅩᆫᄒᆞᆫ 데 두엇다가 송절 미쥭 세 ᄒᆞᆫ 이
닷식 졔쳐 ᄒᆞ야 두 ᄯᅩᆯ을 정히 씨서 무리 ᄧᅵ고 아식이ᄂᆞᆫ ᄇᆡᆨ미와 졈미 각 ᄒᆞᆫ ᄯᅩᆯ 정히 씨서 각
각 더에 ᄯᅥᆯ졔 ᄊᆞᆯ 되로 송절 ᄭᅮᆫ 술 두 ᄯᅩᆯ 온 되야 지네 셕려셔 엇며 술 맛을 고로 셕
거 송절 다린 건질을 ᄒᆞᆼ닛 혜 넛코 에 밥을 번져 넛코 찰밥 나죵 너허 ᄃᆞᆫᄃᆞᆫ히 봉ᄒᆞᆫ 양외
운 넝을 보아 ᄡᆞᆯ ᄎᆞᆺ와 ᄂᆞᆨ히되 가을이어든 ᄒᆞᆼ쥬을 넛코 봄이어든 두견화ᄃᆞᆯ 넛코 겨울
이어든 유자 겁질을 ᄌᆞᆷ치에 너어 ᄃᆞᆯ아 ᄂᆞᆨ히면 몸ᄃᆞᆷ을 업시 ᄒᆞᄂᆞᆫ 약쥬ᄂᆞ니라

소쥬고은 셰ᄊᆞᆯ을 소쥬 ᄒᆞᆺᄂᆞᆫ 그ᄅᆞᆺ 닛히 ᄲᅡᆯ나 ᄒᆞᆺ으면 독이 업ᄂᆞᆫ 미 ᄒᆞᆼ쥬 독이 미치ᄂᆞᆫ 이
들어가ᄂᆞᆫ 고로 ᄒᆞᆫ 잔 넉은 후 ᄒᆞᆫ 번식 양치질 ᄒᆞ면 치통이 업ᄂᆞ니라

쉰 술은 젹두 두어 되ᄋᆞᆯ 복가 ᄌᆞᆷ치에 너어 술 가운데 ᄃᆞᆷ그면 쉰 맛이 업ᄂᆞ니라

소쥬 물난데 푸른 ᄭᅴ로 법ᄒᆞ면 셔지고 사ᄅᆞᆷ이 과히 먹어 고ᄌᆞᆼ게 불나거든 넙슈면
으면 쥭ᄂᆞ니 더운 물 먹이고 ᄒᆞᆼ쵸로 비샵을 에워 싸고 더운 물 부으면 셰ᄂᆞ니라

13) 일일주법

찹쌀 1되를 묽지도 되지도 않게 죽 쑨다. 누룩가루 3되 5홉을 섞어 항아리에 담고 막대기로 두어시[57] 늘어지게 저어 거품이 일어나거든 즉시 항아리에 봉하여 따뜻한 데 두면 저녁에 술이 된다.

14) 삼일주법

겨울에는 정화수를 여름에는 물을 끓여 도로 식힌다. 물 1말에 누룩가루 2되를 섞어 항아리에 넣는다.

멥쌀 1말을 깨끗이 씻어 죽을 쑤어 섞으면 3일 만에 술이 된다.

15) 송절주법

멥쌀 5되를 깨끗이 씻어 가루 내어 물 5되를 끓여 개어 식힌다. 녹말 7홉과 밀가루 7홉을 버무려 단단히 봉하여 불한불열[58]한 데 두었다가 송절매즙[59]을 한 마디씩 취하여 2말을 깨끗이 씻어 물 부어 고아 식힌다. 멥쌀과 찹쌀 각 1말씩을 깨끗이 씻어 각각 지에밥 찔 때 쌀을 된 되로 송절 고운 물 2말을 되어 지에밥에 뿌려 쪄서 식혀 술밑을 고루 섞는다. 송절 다린 건지를 항아리 밑에 넣고, 메밥을 먼저 넣고 찰밥을 나중에 넣어 단단히 봉하여 일기[60]의 온랭을 보아 맞추어 익힌다.

가을에는 황국을 넣고, 봄에는 두견화를 넣고, 겨울에는 유자 껍질을 작은 주머니에 넣어 달아(매어) 익히면, 풍담[61]을 없이 하는 약주다.

16) 소 주[62]

소주 고을 때 꿀을 소주 받는 그릇 밑에 발라 받으면 독이 없다. 매[63] 양주는 독이 치아에 들어가는 고로 1잔 먹은 후 1번씩 양치질하면 치통이 없다. 쉰 술은 적두[64] 두어 되를 볶아 작은 주머니에 넣어 술 가운데 담그면 쉰 맛이 없어진다. 소주 불난 데 푸른 베로 덮으면 꺼지고, 사람이 과하게 먹어 코 궁게[65]에 불나거든 냉수 먹으면 죽나니 더운물 먹이고, 황토로 배꼽을 에워싸고 더운물 부으면 깬다.

57 두어시 : 두세 사람
58 불한불열(不寒不熱) : 지나치게 춥지도 덥지도 아니 하다.
59 송절(松節)매즙 : 소나무의 마디, 매즙은 매듭의 옛말이다.
60 일기(日氣) : 날씨
61 풍담(風痰) : 풍증(風症)을 일으키는 담. 또는 풍증으로 인하여 생긴 담(痰)
62 소주는 원문에 재료나 만드는 법은 기록되어 있지 않다. 소주는 멥쌀, 누룩가루, 물로 술을 빚어 소주고리에 내려 만드는 증류주이다.
63 매 : 모든
64 적두(赤豆) : 붉은팥
65 궁게 : 구멍

술에가지나무지가들면변ᄒᆞ야물이되ᄂᆞ니라
대져술이법은차게식여ᄒᆞᆫ번쉰맛업고누룩은바리여ᄒᆞ면잡맛업고ᄀᆞᆺ
은졍히ᄒᆞ며야변ᄒᆞ지아니ᄒᆞᄂᆞ니라

장초졔법

장은ᄇᆡᆨ가지맛에웃듬이ㅣ장이ᄀᆞᄌᆞ면비록어육ᄭᅵ찬이라도잘고조지못ᄒᆞᄂᆞ
니엇지즁ᄒᆞ지아니ᄒᆞ리요
병인졍묘일갈션일、우슈일입동일、삼복일에합장ᄒᆞ면츙이아니나고희
동ᄀᆞ기젼합장ᄒᆞ면ᄑᆞ리가업고ᄌᆞᆷ을날얼풀을복으로두고담으면츙이업고
유혼일에합장ᄒᆞ면가시가나고륙션일에합장ᄒᆞ면맛이사오나우니라츙
이나거든초오나ᄇᆡᆨ부근비나네조각을우에던지면츙이다죽고쳥명날버들
나무을먹거쇼지면조흐되맛이션나믁니반히넛치말나
장담그ᄂᆞᆫ법은물과소금과엄초와ᄀᆞᆺ흔이다조화야맛이조흐니물은비곳친후
에곳쓰지말며소금은안슈물다ᄆᆡᆼ코뫼조ᄂᆞᆫ일직쉬어거무스르게뜨여졍던네
갓치말고ᄀᆞᆺ흔은졍히물어날을ᄐᆡᆨᄒᆞ야물ᄒᆞᆫ동의에소금ᄒᆞᆫ말식타
서슈일ᄒᆞᆫ후독을김을졔야거ᄃᆡᆨ히놋코

술에 가지나무 재가 들어가면 변하여 물이 된다. 대저[66]술에 쓰이는 밥은 차게 식혀서 하면 쉰 맛이 없고, 누룩은 바래어[67] 하면 잡맛이 없고, 그릇은 깨끗이 하여야 변하지 않는다.

3. 장 · 초제법

장은 백 가지 맛에 으뜸이니 장이 그르면[68] 비록 어육 미찬[69]이라도 잘 고르지 못하니 어찌 중요하지 아니 하리오.

병인, 정묘일, 길신일[70], 우수일, 입동일, 삼복일에 합장[71]하면 충[72]이 아니 나고, 해 돋기 전에 장을 담그면 파리가 없고, 그믐날 얼굴을 북으로 두고 담그면 벌레가 없고, 유혼일[73]에 장을 담그면 가시[74]가 나고, 육신일[75]에 장을 담그면 맛이 사나우니라.

벌레가 나거든 초오[76]나 백부근[77] 4조각을 위에 얹으면 벌레가 다 죽고, 청명날[78] 버드나무를 꺾어 꽂으면 좋으나 맛이 쓴 나무니 많이 넣지 않는다.

1) 장 담그는 법

장 담그는 법은 물과 소금과 메주와 그릇이 다 좋아야 맛이 좋다. 물은 비 그친 후에 곧 쓰지 않는다. 소금은 간수를 다 뺀다. 메주는 일찍 쑤어 검푸르게 떠서 돌덩이같이 말리고, 그릇은 깨끗이 우려 날을 택하여 물 1동이에 소금 1말씩 타서 수일 후 독을 기울지 않게 단단히 놓는다.

66 대저 : 대체로
67 바래어 : 바래다 → 볕이나 습기를 받아 빛이 변하다.
68 그르다 : 좋지 못하다.
69 미찬(味饌) : 맛있는 반찬
70 길신일(吉辰日) : 길한 날
71 합장(合醬) : 장을 담그는 일
72 충 : 벌레
73 유혼일(遊魂日) : 술가의 말, 생기법으로 본 해롭지 않은 날의 하나
74 가시 : 음식물에 생긴 구더기
75 육신일(六辛日) : 책력의 여섯 신일
76 초오(草烏) : 바꽃. 한방에서 건조한 괴근을 오두 또는 부자(附子)라 한다.
77 백부근(百蔀根) : 한약재. 파초의 뿌리
78 청명날(淸明日) : 이십사절기의 하나(춘분과 곡우의 사이에 들며, 양력 4월 5~6일께)

뫼조ᄅᆞᆯ 소ᄅᆞ노다시 씨러 다ᄅᆞᆫ 독에 ᄡᆞᆯ거ᄭᅦ 씨서 독에 넝으되 뫼조가 ᄡᆞᆯᄒᆞ면 장에 적고 뫼조가 져그면 장빗이 ᄇᆞᆯ가 갓어 조치 못ᄒᆞᄂᆞ니 뫼조우ᄂᆞᆫ 물이 사ᄅᆞᆷ의 ᄒᆞᆯ칠ᄒᆞᆫ ᄉᆞ티 ᄒᆞ러 갈ᄡᆞᆯ 치 더ᄒᆞᆯ되 뫼조ᄂᆞᆺ키 젼ᄒᆞᆫ 불올 독 밋헤 피우고 ᄉᆞᆯᄒᆞᆫ 종자ᄅᆞᆯ 부ᄅᆞᆯ에 넣어 노코 ᄃᆞᆷ그면 조ᄒᆞ되 염ᄒᆞᆫ가 ᄉᆡᆼ경우면 뫼조가 셕다가 가다 아니나 소금을 좀 더 타면 곳도 조ᄯᅳ나니라 ᄃᆞᆷ근 후 날ᄶᆞ다 독을 씻되 섬 무ᄅᆞ에 드더 가지만 케ᄒᆞ여 삼칠 젼에ᄂᆞᆫ 상제 사ᄅᆞᆷ과 월후 잇ᄂᆞᆫ 녀인을 괴ᄒᆞ고 ᄇᆡᆨ일 ᄂᆡ에 ᄯᅳ면 장온 조ᄒᆞ되 넘우 젹우니 ᄂᆞᆺ 신일에 ᄯᅳ면 물ᄒᆞᆫ 동의에 장에 반 동의니라 장 맛이 ᄀᆞ득거든 후 ᄡᆞᆯ을 셔 두어 되 바다 넣으면 본 맛에 도라오ᄂᆞ니라

장 ᄃᆞᆷ줄셔 무(소고기) 우둔 ᄒᆞᆫ 보사서 기름 것어 잠간 삼고 젼복 ᄉᆞ오 십 리ᄅᆞᆯ 고와 ᄡᅵ레 넛코 우에 ᄐᆡ 초ᄅᆞᆯ ᄯᅳ이면 장 맛이 조ᄒᆞᄂᆞ니라

어육장 ᄀᆞᆫ독을 고셔우로 ᄡᅡ셔ᄋᆡ 믈쇼고 우둔(소고기) ᄒᆞᆫ 보ᄅᆞᆯ 기름과 심줄 업시ᄒᆞ고 ᄉᆡᆼ치(생꿩) ᄃᆞᆨ다리 각 열 마리 튀ᄒᆞ야 ᄂᆡ장 업시ᄒᆞ고 도미나 빈어 열 마리 ᄒᆞᆼᄒᆞᆫ 녀잡과 비늘과 머리 다 업시ᄒᆞ야 볏헤 ᄆᆞᆯ니고 ᄉᆡᆼ복 ᄒᆞᆼᄒᆞᆫ 두어 되 ᄉᆡᆨ 졍히 씨셔 우둔을 번져 넛코 그 남어 여러 가지ᄂᆞᆫ 우에 넛코 물을 ᄉᆞᆯ여 도로 식여 뫼조ᄒᆞᆫ 발 비 소금 ᄒᆞᆫ 흡 되셔 타셔 법되로 ᄃᆞᆷ거ᄃᆞᆫ 히 봉ᄒᆞ고 소라로 덥고 ᄒᆞᆫ 음후 ᄒᆞ야 ᄎᆞ 무더 무던 이ᄃᆞᆯ 걸ᄂᆞᆫ 엇다가 ᄒᆞᆫ 년 ᄡᅳ에 열어 먹으리 장 맛이 비상이 조ᄒᆞ니라

메주를 솔로 다시 씻어[79] 다른 물에 말갛게 씻는다. 독에 넣는데 메주가 많으면 장(간장)이 적고, 메주가 적으면 장 빛이 맑아 맛이 좋지 못하다. 메주 위로 물이 사람의 팔 1마디 들어갈 만큼 더 한다. 메주 넣기 전 숯불을 독 밑에 피우고 꿀 1종자[80]를 불에 부어 놓고 담그면 좋다. 염수[81]가 싱거우면 메주가 떴다가 가라앉는데 소금을 좀 더 타면 곧 도로 뜬다. 담근 후 날마다 독을 씻되 생물(날물)이 들어가지 않도록 한다. 21일 전에는 상 당한 사람과 월경 중인 여인을 피한다.

100일 만에 뜨면 장은 좋은데 (양이) 너무 적다. 60일에 뜨면 물 1동이에 장이 반동이 난다. 장맛이 나쁘거든 우박 올 때 두어 되 받아 넣으면 본맛이 돌아온다.

장 담글 때 우둔(쇠고기) 1보시기를 사서 기름 걷어 잠깐 삶고, 전복 40~50개를 고아 밑에 넣고 위에 대추를 띄우면 장맛이 좋다.

2) 어육장

큰 독을 고석[82]으로 싸 땅에 묻고, 우둔(쇠고기) 1보시기를 기름과 심줄 없이 한다. 생치(꿩)와 닭 각 10마리를 튀하여 내장을 없앤다. 도미나 민어 10마리를 내장과 비늘과 머리를 다 없이 하여 볕에 말린다. 생복, 홍합 두어 개씩 깨끗이 씻어 우둔을 먼저 넣고, 그 나머지 여러 가지를 위에 넣는다. 물을 끓여 도로 식혀 메주 1말에 소금 1홉씩 타서 법대로 담가 단단히 봉한다. 소라[83]를 덮고 흙으로 아주 묻어 물이 안 들어가게 하였다가 수년 만에 열어 먹으면 장맛이 비상[84]하게 좋다.

79 씰다 : (방)쓸다
80 종자 : 종지
81 염수(鹽水) : 소금물
82 고석 : 짚으로 만든 멱서리(가마대기)
멱서리 : 짚으로 날을 촘촘히 결어서 만든 그릇의 하나(곡식을 담음)
83 소라 : '소래'의 옛말. 운두가 조금 높고 굽이 없는 접시 모양으로 생긴 넓은 질그릇. 독의 뚜껑이나 그릇으로 쓴다.
84 비상(非常) : 심상치 않음. 예사롭지 않음

쳥ᄐᆡ잠법 쳥ᄐᆡ콩을 ᄲᅡ히 ᄶᅧ 칼 자루 갓치 뫼조ᄅᆞᆯ ᄆᆡᆫ드러 셤의 너어누
ᄯᅳᆫ옹이 잇거든 너야 볏혜 나 더운데나 ᄯᅡᆯ이여 소곰을 ᄶᅡ게 ᄯᅡᆯ고 장을 담그면
맛이 담ᄒᆞ고 조ᄒᆞ나 가서 나가가 쉬우니 뫼조ᄅᆞᆯ ᄇᆞᆺ사 ᄡᅳᆯ리라
급히 잠 ᄆᆡᆼ가ᄂᆞᆫ 법 소곰 칠홉을 복다가 진ᄀᆞᆯᄅᆞ 칠홉을 섞어서 갓치
복가 ᄆᆡᆺ이 누른 후 묵은 된장에 섞어 물 ᄯᅥ서 사발 부어 ᄯᅥ 사발 되게 조
리면 맛이 조ᄒᆞ니라
고쵸장법 뫼조ᄒᆞᆫ ᄯᅡᆯ을 ᄯᅮ어거든 ᄇᆡᆨ기두 되ᄀᆞᆯ 흰무리ᄯᅥᆨ 만드러 고쵸
에 너어 갓치 ᄡᅵ여 ᄯᅳ인 후 셰ᄯᅡᆯᄒᆞ야 가루ᄒᆞᆫ ᄯᅡᆯ에 소곰 섞되 와 고쵸가루ᄒᆞ되
풀ᄯᅥᆨ 고찰밥 두되 질게 지어 밥알이 풀니게 져어 넉넉히 ᄒᆞ니라
즙장법 가을에 날 기울ᄒᆞᆫ ᄯᅡᆯ 눅후게 복고 콩 닷되 복가 거피ᄒᆞ야 ᄒᆞᆫ가지
ᄶᅵᆨᄯᅡᆯᄒᆞ야 ᄯᅳ드물에 ᄲᅡ 쥭ᄒᆞ야 호도ᄯᅡ 칠 뭉쳐 시루에 ᄶᅥ 너머 콩닙을 ᄭᅧ
지노라 ᄯᅴ워 누른 옷 입거든 ᄯᅡᆯ ᄯᅥ 셰ᄯᅡᆯᄒᆞ야 조ᄒᆞᆫ 지령에 반쥭ᄒᆞ고 져 편리
와 가지를 욕지셔 졍히 씨셔 ᄯᅡᆯ이고 항에 물러 넙시ᄒᆞ야 가루 ᄲᅡ 쥭을 면
져 ᄉᆞᆯ고 외라 가지 우비셔 가화 켜켜 석박 켜의 ᄉᆞᆯ되 항을 거와 치웟거든 우에

3) 청태장법

청태콩을 많이 쪄 칼자루같이 메주를 만들어 섬[85]에 넣어 누른 옷 입거든 꺼내어 볕이나 더운 곳에 말린다. 소금을 짜게 하지 말고 장을 담그면 맛이 담하고[86] 좋으나 가시[87]가 생기기 쉬우니 메주를 바싹 말린다.

4) 급히 장 만드는 법

소금 7홉을 볶다가 밀가루 8홉을 섞어서 같이 볶아 빛이 누른 후 묵은 된장에 섞어 물 6사발을 부어 4사발이 되게 조리면 맛이 좋다.

5) 고추장법

메주 1말을 쑤었거든 멥쌀 2되를 흰무리떡 만들어 메주에 넣어 같이 찧어 띄운 후 곱게 가루 내어 가루 1말에 소금 3되와 고춧가루 1되를 섞고 찰밥 2되 질게 지어 밥알이 풀리게 저어 익힌다.

6) 즙장법

가을에 밀기울 1말 누렇게 볶고, 콩 5되 볶아 껍질을 벗겨 같이 가루 내어 속뜨물에 반죽하여 호두만치 뭉쳐 시루에 쪄 낸다. 콩잎을 겪지 놓아 띄워 누른 옷 입거든 말려 곱게 가루 내어 좋은 지령[88]에 반죽한다. 어린 외와 가지를 꼭지 따 깨끗이 씻어 말리고, 항아리에 물기 없이 하여 가루반죽을 먼저 깔고, 외와 가지 위에 깔아 켜켜 석박귀여[89] 깔되, 항아리를 거의 채웠거든 위에

85 섬 : 곡식 따위를 담기 위하여 짚으로 엮어 만든 멱서리
86 담하다 : 맛이 느끼하지 않다.
87 가시 : 구더기
88 지령 : '간장'의 방언
89 석박귀여 : 번갈아

외과가져곡지를더러헤유지로봉ᄒᆞ고다ᄅᆞᆫ거ᄉᆞ로ᄯᅩ싸고황토로향을왼동발나
ᄡᆞᆯᄯᅩᆼ을로싸어뭇고우ᄇᆡ롤을ᄯᅢ여덥고고우ᄇᆡᄯᅩᄡᆞᆯᄯᅩᆼ을덥허ᄉᆞᆷ일번호넌씌더
운믈을ᄀᆞ우ᄇᆡ유다가이칠 날에서ᄯᅴ쏠타먹ᄂᆞ니라

쳥국장 콩ᄒᆞᆫ복가ᄆᆡ돌에타서겁즐업시ᄒᆞ여블너믈ᄡᅵ리붓고ᄉᆞᆯᄆᆞ그즙은ᄯᅡ로두
고콩은오장이예너어더운데두면ᄉᆞᆷᄉᆞ일후실에날거ᄉᆞᆯ 다시ᄯᅵᄒᆡ넛고간져ᄉᆞᆯ문
즙을붓어다히되ᄉᆞᆯ고기와다ᄉᆞ마와고쵸와무우ᄅᆞᆯ썰어너어먹ᄂᆞ니라

쵸 ᄯᅩ담는(장) 음이나인가에업지못ᄒᆞᆯ거시라병오일에졍화슈ᄒᆞᆫ동의에누룩ᄀᆞᄅᆞ너되
ᄅᆞᆯ누르게복가더서오지(항) 너어봉ᄒᆞ야두엇다가졍일에졈미ᄒᆞᆫ말졍히시
서더운김에ᄒᆞᆫᄢᅴ붓고복숑화가지조져어두ᄭᅥᆸ거덥혀향양ᄒᆞᆫ데두면
초가되ᄂᆞ니다비록설기젼조희믈더운김에향비ᄀᆞᆫ히너어덥허더운데두
면오석곰창에쳘더이ᄂᆞᆫ술밥을더운김에누룩섯거오되두면맛이더고가
다안진후조희둔항에붓고길경되거든ᄯᅥᆯ조흔쵸에너어붓고누룩뎡이라
뎌쵸유심이ᄯᆞᆯ기어너어두면조흔쵸가되ᄂᆞ니ᄀᆞ올에는비와ᄇᆞᆫᄇᆞᆫ니ᄀᆞᆫ을
넛고장포ᄉᆡ부러ᄃᆞᆯᄡᆞᆯ여서너어도조흔니라

외와 가지 꼭지를 덮어 유지로 봉하고, 다른 것으로 또 싸고, 황토로 항아리를 왼통[90] 발라 말똥으로 싸서 묻는다. 그 위에 풀을 베어 덮고 그 위에 또 말똥을 덮어, 3일에 1번씩 더운물을 그 위에 주다가 14일에 내서 꿀을 타 먹는다.

7) 청국장

콩 볶아 맷돌에 타서 껍질 없이 까불러 물을 많이 붓고 삶는다. 그 즙은 따로 두고 콩은 오장이[91]에 넣어 더운 데 두면 3~4일 후에 실이 날 것이다. 다시 솥에 넣고 먼저 삶은 즙을 부어 달이되, 쇠고기와 다시마와 고추와 무를 썰어 넣어 먹는다.

8) 초장법

초는 장 다음이니 인가에 없어서는 안 된다. 병일(丙日)에 정화수 1동이에 누룩가루 4되를 누렇게 볶아 타서 오지항아리에 넣어 봉하여 둔다. 정일(丁日)에 찹쌀 1말을 깨끗이 씻어 더운 김에 그 항아리에 붓고, 복숭아 가지로 저어 두껍게 덮어 향양처[92]에 두면 초가 된다. 백설기 쪘던 종이를 더운 김에 항아리에 많이 넣어 덮어 더운 데 두면 오색곰팡이가 필터니 술밥을 더운 김에 누룩 섞어 오래 두면 맛이 시고, 가라앉은 후 좋이 둔 항아리에 붓고 길경[93] 대가리를 좋은 초에 넣어 붓고 누룩덩이와 대추 수십 개를 기어[94] 넣어 두면 좋은 초가 된다. 가을에는 배와 반만 익은 감을 넣고 창포뿌리를 말려서 넣어도 좋다.

90 왼통 : 온통
91 오장이 : 오쟁이의 방언. 짚으로 만든 작은 섬
92 향양처(向陽處) : 햇볕이 잘 드는 곳
93 길경 : 도라지
94 기어 : 실에 꿰어

반쥭졔품

밥과쥭은곱돌솟이못듬이오오지탕관이다음이니라

쥭별에밥이쉴듯ᄒᆞ거든비름닙을엽과우에덥ᄒᆞ면쉬지아니ᄒᆞᄂᆞ니라

져두로된ᄂᆞ로쌀과팟은건져고로물에ᄌᆞᆷ은쌀노밥을지ᄒᆞ면빗과맛이긋

ᄒᆞ고빌우ᄂᆞ니라

약밥 조흔졈미찹쌀ᄒᆞᆫ말이연유혹ᄒᆞᆫ 뎌ᄒᆞᆯᄒᆞᆫ말씨반로고밤ᄒᆞᆫ말ᄆᆞ셔쥭

의고쌀을우려담그면밥이질어못쓰니반빗만담갓다가씌ᄋᆡ쌀알만ᄒᆞ거든이야

더운김에조흔꿀을셕고술ᄒᆞᆫ슈발찬기름ᄒᆞᆫ되던ᄒᆞᆫ장ᄒᆞᆫ탕긔만쳐서고루셕

거다시시루에안처쪄밤대초를남겻다가ᄉᆞ이ᄉᆞ이셔려안치고찰갈우토우흘덥어

씨ᄇᆡ진대초살ᄀᆞᆫ물을졸음치고건시ᄂᆞᆫ너으면맛이셔르니라

ᄒᆞ라쥭 쌀을담가물네운갈아성우ᄀᆞᆫ사발이면물이ᄒᆞᆫ사발쑤다가반숨니

거든우유를부어화합ᄒᆞᄂᆞ니라

팟쥭살졔 대초를ᄭᅳᆯ히찻ᄯᅥ어고은고시말을강쥭에반쥭ᄒᆞ면조ᄒᆞ니라

4. 반죽제품

밥과 죽은 곱돌솥이 으뜸이고, 오지탕관[95]이 다음이다.
극열[96]에 밥이 쉴 듯하면 비름 잎을 옆과 위에 덮으면 쉬지 않는다.

1) 팥물밥

붉은팥을 통째로 삶아 팥은 건지고 그 물에 좋은 쌀로 밥을 지으면 빛과 맛이 좋다고 한다.

☘ 역자 주 : 원문에는 팥물밥이라 명시되지 않았으나 조리법으로 보아 팥물밥이라 하였다.

2) 약 밥

좋은 찹쌀 1말이면 육후[97]한 대추 1말 씨 바르고, 밤 1말을 까서 쪼갠다. 쌀을 오래 담그면 밥이 질어서 못 쓰니 반일[98]만 담갔다가 찌되 쌀알만 익거든 내어 더운 김에 대추, 밤을 섞고, 꿀 1주발, 참기름 1되, 진한 장 1탕기만 쳐서 고루 섞어 다시 시루에 안친다. 밤, 대추를 남겼다가 사이사이에 뿌려 안치고 찰가루로 위를 덮어 찌되 대추 삶은 물을 조금 치고, 건시는 넣으면 맛이 떫다.

3) 타락죽

쌀을 물에 담가 무리[99]를 갈아서 생우유 1사발이면 물 1사발(분량으로 물을 넣고) 쑤다가 반쯤 익거든 우유를 부어 섞는다.

4) 팥 죽

팥죽을 쑬 때 대추를 많이 팥에 넣고 고우고, 새알[100]을 강즙에 반죽하면 좋다.

95 오지탕관 : 붉은 진흙으로 만들어 구운 탕관
96 극열(極熱 · 劇熱) : 매우 심한 열. 몹시 뜨거움. 또는 그 열기(역자 – 몹시 더운 때로 봄)
97 육후(肉厚) : 살이 두툼하다.
98 반일(半日) : 한나절
99 무리 : 물에 불린 쌀을 물과 함께 매에 갈아 체에 밭아서 가라앉힌 앙금
100 새알 : 새알심. 찹쌀가루를 새알만하게 덩어리를 지어 팥죽에 넣는 것

다품

미ᄌᆞ다 오미ᄌᆞ 세말ᄒᆞ야 ᄇᆡᆨ청을 ᄭᅳᆯ이다가 타서 ᄆᆡᆨ항이 너엇다가 녀름에 물에 타
먹으면 졔호탕 갓ᄒᆞ니라

국화다 감국화 반ᄯᅳᆷ 픠거든 푸른 ᄭᅩᆨ지 업시 ᄯᅡ서 조흔 물에 ᄃᆞᆯ여 ᄇᆡᆨ청 타 먹ᄂᆞ니라

ᄆᆡ화다 셥월 후에 ᄆᆡ홀노 반ᄯᅳᆷ 핀 ᄆᆡ화 봉오리를 ᄯᅡ셔 ᄭᅮᆯ 녀름에 ᄭᅳᆯᄂᆞᆫ 믈에
너으면 맛이 ᄯᅳᆺ고 쳥향ᄒᆞ니라

포도다 포도와 문ᄇᆡ를 ᄶᅵ드려 즙 내고 싱강 자연즙에 ᄇᆡᆨ쳥 타 ᄇᆡᆨ비탕 식여 셰
즙을 조화ᄒᆞ면 조ᄒᆞ니라

5. 다 품

1) 매자다(오매차)

오매육 곱게 가루 내어 백청[101]을 끓이다가 타서 백항아리에 넣었다가 여름에 물에 타 먹으면 제호탕 같다.

☘ 역자 주 : 매자다는 청매실을 사용한 매실차와 달리 오매육을 사용하여 오매차라 하였다.

2) 국화다(국화차)

감국화[102] 반쯤 피거든 푸른 꼭지 없이 따서 좋은 물에 달여 백청을 타 먹는다.

3) 매화다(매화차)

납월[103]후에 대칼로 반쯤 핀 매화 봉오리를 따서 말려 여름에 끓는 물에 넣으면 꽃이 뜨고 청향[104]하다.

4) 도다(포도차)

포도와 문배[105]를 찌그려 즙을 내고, 생강 자연즙에 백청을 타 백비탕[106]에 식혀 3가지 즙을 조화시키면 좋다.

101 백청(白淸) : 빛깔이 희고 품질이 좋은 꿀

102 감국화(甘菊花) : 감국의 꽃으로 황국이라고도 하며, 꽃의 지름은 2.5cm 정도이다.

103 납월(臘月) : 음력 섣달의 별칭. 음력 12월

104 청향(淸香) : 맑고 깨끗한 향기

105 문배 : 문배나무의 열매. 모양은 고살래와 비슷하며 단단하므로 물려서 먹음. 문향리(聞香梨).

106 백비탕(白沸湯) : 맹탕으로 끓인 물. 백탕

침ᄎᆡ졔품

침ᄎᆡ담을ᄯᅢ에다렴반에유각수두어동의톨사서셤선말난것과향유겨울넛고다려셔이고과싱강고쵸쳥각넛나리톨뎌、넛고ᄭᆞᄂᆞᆯ갈아붓고어육다린물에무우ᄃᆞᆷ넘물을타서쳬에밧쳐가득부어우을잘덥고ᄒᆞ티운ᄒᆞ조무덧다가셔ᄭᆞᆯ춘쵸비ᄀᆡ오면절ᄇᆞᆷ우이침채ᄂᆞᆫ무우비치롤써우지아니ᄒᆞ고동을밀ᄀᆞ기더겪난다ᄒᆞ니라

동침이 잘고ᄲᅡᄅᆞ던무우의뚤쇼되치셔각가ᄂᆞᄅᆞᆷ이절여ᄒᆞ로지난후독에넛고조ᄒᆞᆫ외지롤절여넛고비와유자를겹질벗겨의치로넛고ᄒᆞᆼ빅ᄒᆞᆫ치셔써무터ᄯᅩ쪽의고조ᄒᆞᆫ싱강과고쵸를세엽시써으터ᄀᆡᆫ히넛고소곰물을함담맛쵸와가득부어단、이봉ᄒᆞ야녁은후먹을제비와유자ᄂᆞᆫ고침채각예빅청울타고셕류와실빅을ᄠᅳ며걸으며ᄯᅩ성치롤빅숙으로고와고물에기름괴엽시ᄒᆞ야동침이국에화합ᄒᆞ고싱치살을ᄡᅥ져넣으면명월션ᄎᆡ치라일으ᄂᆞ니라

6. 침채제품

1) 동치미 1

침채를 담글 때는 다림방[107]의 육수 두어 동이를 사서 생선 말린 것과 황육[108]을 넣고 다려서 식힌다. 파, 생강, 고추, 청각[109], 미나리도 켜켜로 넣는다. 마늘도 갈아서 붓고, 어육 달인 물에 무 달인 물을 석어 체에 밭쳐서 가득 붓는다. 위를 잘 덮고 흙으로 아주 묻었다가 세말[110] 춘초[111]에 먹으면 절미[112]이다. 이 침채는 무, 배추를 썰지 않고 통째로 담는 것이 좋다.

☘ 역자 주 : 원문에는 이름이 명시되지 않았으나 조리법을 보고 동치미라 하였다.

2) 동치미 2

잘고 반듯한 무를 꼬리째 깎아 소금에 절여 하루가 지난 후 독에 넣는다. 여기에 좋은 외지를 절여 넣고, 배와 유자를 껍질 벗겨 온채로 넣는다. 총백[113]을 1치[114]씩 썰어 쪼개고, 좋은 생강, 파, 고추를 씨 없이 썰어 많이 넣는다. 소금물은 함담[115] 맞추어 가득 부어 단단히 봉한다. 익은 후 먹을 때는 배와 유자는 썰고, 침채국에 백청을 타고 석류와 실백[116]을 띄워 먹는다.

3) 명월생치채

생치를 백숙으로 고아 그 국물을 기름기 없이 하여 동치밋국에 합하고 생치 살을 찢어 넣으면 바로 이것을 명월생치채라고 한다.

☘ 역자 주 : 내용으로 보아 꿩김치와 유사하다.

107 다림방 : 서울에서 쇠고기나 돼지고기 따위를 전문(專門)으로 팔던 가게. 다림방. 현방(懸房)
108 황육 : 쇠고기
109 청각 : 녹조식물인 청각과의 바닷말로 나물, 자반을 만들기도 하고 김장에 넣는다. 청각채라고도 한다.
110 세말(歲末) : 한해의 마지막 때
111 춘초(春初) : 초봄
112 절미(絶味) : 기가 막히게 맛있다.
113 총백(蔥白) : 파의 흰 부분
114 치(寸) : 길이의 단위로 한자의 10분의 1, 약 3.03cm를 말한다.
115 함담(鹹淡) : 짠맛과 싱거운 맛을 아울러 이르는 말
116 실백(實柏) : 실백잣

동침이 국에국슈를 ᄆᆞᆯ고 무우와 ᄇᆡ와 유자를 얇게 졈여 넛코 졔육 ᄡᅥ은 고긔

판 부쳐 채쳐 넛고 호쵸 비자 ᄇᆞᆺ 너으면 평월 관심 ᄀᆞᆫ 이란 ᄒᆞᄂᆞ니라

단장후 동ᄃᆡ셰 굴흔 뭉우를 아젼 ᄆᆞᆯ 잘나 졍히 다듬어 소곰에 구ᄅᆞᆫᄒᆞ여 속에 ᄂᆞᆫ

졔져치 소곰 ᄲᅮ려 슈일후 반쯤 졀거든 뒤변상 하ᄂᆞᆯ 밧고와 싯고 일ᄉᆞ후 다 졀거

든 퇴렴ᄒᆞ야 넛고 파 고쵸 쳥각 넛고 조흔 ᄂᆡᆼ슈를 소곰 맛 지ᇨ고 가득 부어 두면

이 봄ᄒᆞ야 소라 덥허 무 넛다가 셰후에 먹으면 쳥신ᄒᆞ 담소ᄒᆞᄂᆞ니라

몸 인의ᄌᆡ 법 ᄒᆞᆼ화 물 쓱 져 엽시 ᄒᆞ야 ᄒᆞᆫ ᄃᆡ 넛고 ᄭᅮᆯ은 ᄉᆡᆼ물과 ᄂᆡᆼ슈를 혼합ᄒᆞ야 소

곰을 타셔 ᄒᆞᆼ ᄋᆡ 붓고 ᄡᅡ고 ᄀᆞᆺ흔 날 그런게 ᄒᆞ야 부어 둔 열일 곱 번을 ᄒᆞ면 맛이 조흔

너 용인 의 다가 일 국 에 유 명ᄒᆞᄂᆞ니라

장ᄉᆞ 잔디 얼음에 어린 외와 무우 ᄇᆡ 치ᄂᆞᆯ 잘 잔 살 낫 쳥에 쳘이요 라 싱각 졈여 넛

교 싱복 이나 전복 ᄲᆞᆯ은 것과 쳥각 고쵸 등속을 켜켜 너어 ᄯᅮ 미를 조흔 장에

댓닙 성 슈를 타셔 부어 너 ᄒᆡ여 ᄃᆞᆷ 나ᄂᆞ니라

셔 져의 참 치ᄂᆞᆫ 물을 ᄯᅦ 워 당 가 야 문 ᄉᆞᆯ ᄭᅴ가 야 너 ᄭᅬ ᄉᆞ 니라

4) 명월관냉면

동치밋국에 국수를 만다. 무, 배, 유자를 얇게 저며 넣고, 제육[117]을 썰고 달걀을 부쳐 채 썰어 넣는다. 후추, 배, 잣을 넣으면 명월관냉면이라 한다.

☘ 역자 주 : 국수라고 하지만 밀국수인지 냉면인지 분명치 않다.

5) 김장 후 동지저

김장 후 동지 때 굵은 무의 아래 위를 잘라 깨끗이 다듬어 소금에 굴린 후 독에 넣을 때 켜켜로 소금을 뿌려 넣는다. 수일 후 반쯤 절었거든 뒤집어 아래 위를 바꾸어 주고, 4~5일 후 다 절여지면 퇴렴[118]하여 넣고, 파, 고추, 청각을 넣고 좋은 냉수에 소금을 타지 않고 가득 부어 단단히 봉한다. 소라를 덮어 묻었다가 설을 지낸 후에 먹으면 청냉[119] 담소[120]하다.

6) 용인외지법

황과[121]를 꼭지 없이 하여 항아리에 넣고, 맑은 뜨물과 냉수를 합하여 소금을 타서 항아리에 붓는다. 또 이튿날 그렇게 하여 붓기를 17번을 반복하면 맛이 좋다. 용인외지가 온 나라에 유명하다.

☘ 역자 주 : 소금물 붓기를 17번 반복한다고 되어 있으나, 《규합총서》에 의하면 오기(誤記)인 것으로 6~7번이 적당한 것으로 생각된다.

7) 장짠지

여름에 어린 오이와 무, 배추를 살짝 삶아 장에 절이고, 파와 생강을 저며 넣는다. (여기에 다시) 생복이나 말린 전복, 청각, 고추 등을 속을 켜켜로 넣고, 꾸미[122]를 좋은 장에 다려 냉수를 타서 부어 익혀 먹는다.

대체로 외침채는 무엇이든 물을 데워 담가야 골마지[123]가 안 낀다.

117 제육(豬肉) : 돼지고기
118 퇴렴(退染) : 토렴. 밥, 국수 같은 것에 더운 국물을 부었다가 따르고 또 붓고 하여 덥게 하다.
119 청냉(清冷) : 맑고 차다.
120 담소 : 담담하고 소박하다.
121 황과(黃瓜) : 오이
122 꾸미 : 웃기, 고명
123 골마지 : 간장, 고추장 등 물기 많은 발효성 식품의 표면에 생기는 곰팡이의 더껑이

어육부

물고기잇기ᄃᆞᆫ즙잇ᄂᆞᆫ것은기름무어방울을ᄯᅥ어치면관계치아니ᄒᆞᄂᆞ니라

생선 ᄌᆞ지ᄂᆞᆫ법은물을ᄭᅳᆯ인후에생선을넛코술을조금치면ᄲᅧ가무르ᄂᆞ니라

성선굽ᄂᆞᆫ법은쳐가절로어부를ᄭᅵ여화로에벗이들고덥게ᄯᅩ이면ᄆᆞᆺ즙이다어구
ᄯᅳ나올것이니그리ᄒᆞᆫ후에도막지어구으면조ᄒᆞ니라

완자탕 싱선을겁질과ᄲᅧ업시ᄒᆞ야칼노곳이여졔육이나쇠고기나성치
나ᄅᆞ고기나난도ᄒᆞ야호초싱강과기름장화합ᄒᆞ야밤알ᄆᆞᆫ치ᄆᆞᆫ드러
속에빅자ᄒᆞᆫ나식녀허계란이나녹말ᄊᆡ워탕국에ᄭᅳ리ᄂᆞ니라

니어비ᄂᆞᆯ이삼십육기니그즁에거살닌비ᄂᆞᆯ한아잇ᄂᆞᆫ것은룡죵이라먹지
아니ᄒᆞᄂᆞ니라싱니버ᄂᆞᆫ고ᄶᅵ리를ᄶᅧ여티를둣게ᄒᆞ면비티지아니ᄒᆞᆫ고ᄌᆞ러온
것은비들타면ᄭᅩ리를ᄭᅳᆯ기가등마루두편에잇스니그를거너고아가미에누른즙
을다ᄭᅳᆯ너ᄂᆡ야비리지안코술일적에슐ᄒᆞᆫ잔붓고녈은후에초간즙을
부어야조ᄒᆞ니라

준치ᄲᅧ업시ᄒᆞᄂᆞᆫ법은준치를도막져도도마에셰우고ᄲᅧ나모시나슈건으로
덥허누르면ᄲᅧ가슈건밧그로나올것이니ᄲᅡᆸ고토막을살ᄶᅡ나여각식약
념ᄒᆞ야녹말ᄊᆡ여다시그슷혀넛코파기름장을넛코ᄭᅳ리면ᄲᅧ가업ᄂᆞ니라

7. 어육품

물고기에 미끄러운 즙이 있는 것은 기름을 두어 방울 떨어뜨리면 없어진다.

1) 생선 지지는 법

생선 지지는 법은 물을 끓인 후에 생선을 넣고, 술을 조금 치면 뼈가 물러진다.

2) 생선 굽는 법

생선 굽는 법은 칡 가지로 입을 꿰어 화로에서 멀리 들고 뜨겁게 쪼이면 생선의 즙이 다 생선의 입으로 나온다. 그 다음 토막을 내어 구우면 좋다.

3) 완자탕

생선을 껍질과 뼈 없이 하여 칼로 다져 돼지고기나 쇠고기, 생치 또는 닭고기 다진 것에 후추, 생강, 기름, 장으로 화합한다. 이것을 밤알 크기로 만들어 속에 백자[124] 하나씩을 넣고 달걀이나 녹말을 씌워 탕국에 넣어 끓인다.

4) 잉어 손질 법

잉어는 비늘이 36개인데 그중 거슬린 비늘이 하나라도 있는 것은 용종[125]이라 하여 먹지 않는다. 생 잉어는 꼬리를 째어 피를 나게 하면 비리지 않고, 죽은 잉어는 배를 가르면 핏줄기가 등마루 양쪽에 있으니 긁어낸다. 아가미의 누런 즙을 다 긁어내야 비리지 않고, 끓일 때 술을 1잔 붓고 익은 후에 초장즙을 부어야 좋다.

5) 준치 뼈 없이 하는 법

준치 뼈 없이 하는 법은 우선 준치를 토막 내어 도마에 세우고 베나 모시나 수건으로 덮어 눌러 뼈가 수건 밖으로 나오면 뽑는다. 토막을 삶아 각색 양념을 하여 녹말을 씌워 다시 그 솥에 넣고 파, 기름, 간장을 넣고 끓이면 뼈가 없어진다.

124 백자(柏子) : 잣, 백자나무의 열매

125 용종(茸腫) : 외부 · 점막 · 장막 등의 면에 줄기를 가지고 돌출되어 구 · 타원 · 난원상을 띤 종류의 총칭으로 염증성과 종양성이 있다.

부어쌈 큰부어비늘긁고등을너타서갈업시ᄒᆞ고어ᄲᅧ두속처묘ᄒᆞᆫ번드러속에 넛코조흔초두어슐붓고부어업속에빅ᄡᅡ조각을넛고녹ᄂᆞᆫ쓰워시신오동 녀노구에물을젹게붓고유지에ᄡᅡ이여가루화제탄을물지니라

복섬선 회와알이되쪽ᄒᆞ야잘못ᄆᆡᆼᄀᆞ면사람이샹ᄒᆞᆫᄂᆞ니그비와쥬물ᄲᅡ고 헐믈은다거두고가ᄂᆞᆯ게써러물에무슈히ᄲᅡ라피ᄒᆞᆫ졈도업시ᄒᆞᆫ후에박 ᄡᆞᆫ조각넛코길음ᄡᅡ히붓고미나리넛코쳥장에ᄭᅳ리ᄂᆞ니라은잡이젹은복 싱션독을업시ᄒᆞᆫ다ᄒᆞᄂᆞ니라

조긔싱션 술을넘셔구슐리물주물너셔거술이연골이ᄒᆞ여지지아니ᄒᆞᄂᆞ니라

쳥어젓 쳥어를ᄇᆞᆯ우ᄂᆡ텨ᄭᅩᆺ코소금섞리여켜켜노하항지우변어츕이다ᄯᅵ지ᄂᆞ니젓담고 (변오되허여지지아니ᄒᆞᄂᆡ다)

게섬 게누른장과검은장을각ᄭᅳᆯ거니여누른장을ᄃᆡ란셕고장기름을쳐서ᄎᆞ셩강 호초등물을너어고롯에담아쥴탕ᄒᆞ야ᄡᅡᆫ너거든게검은장에기름을잠간쳐군후 에고로ᄇᆞᆯ나ᄃᆞᆰ쥴탕ᄒᆞ야갈오셔러국물을잘만드러게딱부치치쳐ᄲᅮ리ᄂᆞ니라

6) 붕어찜

큰 붕어의 비늘을 긁고 등을 갈라 내장을 없이 하고, 어만두 속과 같이 만들어 속에 넣고, 좋은 초를 두어 숟가락 붓는다. 붕어 입 속에 백반 조각을 넣고, 녹말을 씌워서 실로 동여매어 노구[126]에 물을 적게 붓고 유장[127]에 끓여 가루와 달걀을 푼다.

☘ 역자 주 : 유장에 끓여 가루를 푼다고 하였는데, 위에 녹말을 사용한 것으로 보아 녹말가루인 것으로 볼 수 있다.

7) 복어탕

복어는 피와 알이 다 독해서 잘못 먹으면 사람이 상하니, 그 배와 등을 갈라 혈맥을 다 거두어 가늘게 썬 후 물에 여러 번 빨아 피가 한 점도 없이 한다. 백반 1조각을 넣고, 기름을 많이 부어 미나리를 넣고 청장[128]에 끓인다.

곤쟁이젓[129]이 복어의 독을 없게 한다.

☘ 역자 주 : 원문에 이름은 없으나 조리법으로 보아 복어탕이라 하였다.

8) 조기 생선 끓이는 법

조기를 끓일 때는 그 허리를 주물러 꺾어 끓이면 골이 헤어지지 않는다.

☘ 역자 주 : 원문에는 제목이 없으나 저자가 조기 생선 끓이는 법이라 하였다.

9) 청어젓

청어를 발[130] 위에 펴 놓고 소금을 뿌려서 켜켜로 놓아 하룻밤 재우면 어즙이 다 빠지니 젓을 담근다. 오래 두어도 헤어지지 않는다.

10) 게 찜

게의 누른 장과 검은 장을 각각 긁어내고 누른 장을 달걀에 섞고 장기름을 쳐서, 파, 생강, 후추 등을 넣어 그릇에 담아 중탕한다. 반만 익거든 게 검은 장에 기름을 조금 쳐서 그 위에 고루고루 발라서 다시 중탕하여 칼로 썬다. 국물을 알맞게 만든다. 달걀을 부쳐 채 쳐 뿌린다.

126 노구 : '노구솥'의 준말. 놋쇠나 구리쇠로 만든 작은 솥
127 유장(油醬) : 기름과 장
128 청장(淸醬) : 진하지 않은 간장
129 곤쟁이젓 : 보리새우와 비슷하나 몸이 몹시 작은 새우의 일종으로 담근 젓
130 발 : 가늘게 쪼갠 대오리나 갈대 같은 것으로 엮어 무엇을 가리는 데 쓰는 물건

게젓 검은장을항의붓고쇠고기두어쪽넣고항믿을ᄃᆞᆯ희운ᄇᆡᆺ나걸고숫불피워서

ᄃᆞᆯ혀식은후게를정히씻어너허슈일후그장을ᄯᅡ라다시ᄃᆞᆯ혀붓고련ᄒᆞ여씨셰

여조곰넣오되쳔초가입담은것은동ᄒᆞ나버러진것을너으라게젓에술이상극이

라ᄒᆞ나조곰너어야맛이조코불빗을보면골기가뮈우나밤에너드라도블을빗취

지말지니라

싱게 물굿ᄐᆡ담아다리을셩을뒤ᄒᆞ야갓치너어두면게가ᄃᆞᆰ을먹어게장이ᄭᆡᆯ리지

나내다리이넘거든두부를너어ᄶᅧᆨ며셔게ᄇᆞᆯ나ᄃᆡ룰ᄉᆞᆫ어실모ᄯᅵ야져ᄀᆞᆯ달고굿맛

쳐노은던ᄆᆞᆰ디은물이흐르ᄂᆞ니다다녀히면장이되ᄂᆞ니라

젼복침치 젼복올물에불려얇게점여유자겹즐과비즐가ᄂᆞᆯ게써러

점인것을줄치쳐조민드러그속에넣코소곰올붓고무우성강과등속올너어

담그면긔이ᄒᆞᄂᆞ니라

젼복을색가난도ᄒᆞ야ᄭᅢᆫ져작발ᄒᆞ야다시ᄎᆞ녀폐에젼복모양과갓치감로

인공양호면지판히조타ᄒᆞᄂᆞ니라

온갖즙셩이쓸지가다쓰되가물치쓸지ᄂᆞᆫ달ᄂᆞ쇠물이다ᄯᅡ되홍합은ᄡᅡ지ᄒᆞᆫ나흔

코조병월관버서병월담친하ᄒᆞᄂᆞ니라

여름에어육을길름몰ᄲᆞᆯ아두면상ᄒᆞ지아니ᄒᆞᄂᆞ니라

11) 게 젓

검은 장을 항아리에 붓고, 쇠고기를 두어 쪽 넣어 항아리 밑을 흙으로 발라 걸고, 숯불을 피워서 달여 식힌 후, 게를 깨끗이 씻어 넣는다. 수일 후 그 장을 따라 다시 달여 붓고, 천초의 씨를 빼어 조금 넣는다. 천초가 입 다문 것은 독하니 벌어진 것을 넣는다. 게젓에 꿀이 상극이라 하나 조금 넣어야 맛이 좋고 불빛을 보면 곯기가 쉬우니 밤에 내더라도 불빛을 비추지 말아야 한다.

생 게를 그릇에 담고 닭을 생으로 튀하여[131] 같이 넣어 두면 게가 닭을 먹어 게장이 많아진다. 또한 닭이 없을 때에는 두부를 넣어 먹여서 게발 마디를 잘라 실로 동여매 거꾸로 달고 그릇을 받쳐 놓으면 맑은 물이 흐른다. 다 익으면 게장이 된다.

☘ 역자 주 : 원문에 게젓이라고 되어 있으나 조리법에 의하면 오늘날 게장과 같다.

12) 전복 침채

전복을 물에 불려 얇게 저며서 유자 껍질과 배를 가늘게 채 썰어 전복 저민 것을 작은 주머니처럼 만든다. 그 속에 넣고, 소금을 부어 무, 생강, 파 등을 넣어 담그면 맛이 그윽하다.

13) 전복다식

전복을 껍데기에서 살을 꺼내 다져 말린 후 가루 내어, 다시 물에 축여 다식판에 전복 모양과 같이 박아서 노인을 공양하면 대단히 좋다.

온갖 짐승의 쓸개는 다 쓰지만 가물치 쓸개는 달고, 해물은 다 짜되, 홍합은 짜지 않으므로 명월관에서 명월담채[132]라 하였다. 여름에 어육을 기름 발라 두면 상하지 않는다.

☘ 역자 주 : 원문에 제목이 없으나 조리법에 의하여 전복다식이라 하였다.

131 튀하여 : 끓는 물에 살짝 넣었다가 꺼내 털을 벗기는 것

132 담채 : 《규합총서》의 홍합을 보면 바다의 것이 다 짜되 홀로 싱겁기 때문에 담채라 하고 또한 동해부인이라고도 부른다. 살이 붉은 것은 암컷이니 맛이 좋고, 흰 것은 수컷이니 맛이 못하다. 동해 것은 잘고 검으나 보익하기에 으뜸이요, 북해 것은 크고 살찌나 맛이 그만 못하다. 날로 볶아 국을 끓인 즉 매우 달고 말쑥하다. 본초에 이르기를 많이 먹으면 사람의 머리털이 빠진다 하였다.

상극류

계와닭비올을갓치먹지못ᄒᆞ며조기와ᄎᆞᆷ을갓치말며향자와쓸기업ᄂᆞᆫ싱선을
먹지말며싱선눈감은것과눈붉은것을먹지말며싱선속에ᄉᆞ람머리털잇ᄂᆞᆫ
것을먹지말며ᄂᆡ어기와형ᄀᆡ를갓치먹지말며부어와ᄆᆡ문동을갓치먹지
말며싱선비리ᄂᆡ버더지안ᄂᆞᆫ것을먹지말며비늘업ᄂᆞᆫ고기를먹지말지니라
우양의고기를뽕남무로삶거나굽은것을먹으면ᄇᆡ속에츙이나고류츅이쳘노
쥭은것을먹지말며쳘노쥭어머리를새에박은것을먹지말며즘싱베고기가
ᄯᅡ에나려져흙이뭇지안ᄂᆞᆫ것을먹지말며오리말르지안ᄂᆞᆫ고기를먹지말며무기
에붉은점잇ᄂᆞᆫ것을먹지말며졔육을물에너흐면뜨ᄂᆞᆫ것을먹지말며졔육과고
호신강을갓치먹지현시표기를먹표과돌먹지말며타락쥭먹고초와신것
을먹지말며닭쥭을(먹고)뫼고기를먹으면촌ᄇᆡᆨ츙이싱기고더운고기를먹고즉
시ᄉᆡᆼ슈를먹으면츙이싱기ᄂᆞᆫ이다
먹은고기살물적에베롤을흔치식잘나너으면삽ᄒᆞᆫ맛이다풀니ᄂᆞᆫ고관
계치안ᄂᆞ니라
쏙ᄭᆞ이좌반 우둔을얇게점여가날게셔어또가루써러 번철에복그면누른집
이다ᄲᅡ질것이니조흔장물처고기름과꿀을너어 곱져부가강 졍새를넛코호
초가루계피가루 겻(드려)너으면맛이희안ᄒᆞ니라

8. 상극류

게와 담배, 꿀을 같이 먹지 못하며, 조개와 초를 같이 먹지 말며, 창자와 쓸개 없는 생선을 먹지 말며, 생선 눈 감은 것과 눈 붉은 것을 먹지 말며, 생선 속에 사람의 머리털이 있는 것을 먹지 말며, 메기와 형개를 같이 먹지 말며, 붕어와 맥문동을 같이 먹지 말며, 생선 머리에 벌레 앉은 것을 먹지 말며, 비늘 없는 고기를 먹지 않는다.

소와 양의 고기를 뽕나무로 삶거나 구운 것을 먹으면 배 속에 벌레가 생기고, 육축이 저절로 죽은 것을 먹지 말며, 저절로 죽어 머리를 땅에 박은 것을 먹지 말며, 짐승의 고기가 땅에 떨어져도 흙이 묻지 않는 것을 먹지 말며, 오래 마르지 않는 고기를 먹지 말며, 고기에 붉은 점 있는 것을 먹지 말며, 돼지고기를 물에 넣어 뜨는 것을 먹지 말며, 돼지고기와 고추, 생강을 같이 먹지 말라. 흰 개고기를 먹고 파를 먹지 말며, 타락죽 먹고 초와 쓴 것을 먹지 말며, 탁주를 먹고 쇠고기를 먹으면 촌백충이 생기고, 더운 고기를 먹고 즉시 냉수를 먹으면 벌레가 생긴다.

썩은 고기 삶을 때에 베 풀을 1치씩 잘라 넣으면 상한 맛이 다 풀에 들어 관계없다.

1) 똑똑이좌반

우둔을 얇게 저며 가늘게 썰어 또 가로로 썰어 번철에 볶으면 누른 즙이 다 빠진다. 좋은 장을 치고 기름과 꿀을 넣어 다시 볶아 강정깨[133]를 넣고, 후춧가루, 계핏가루를 함께 넣으면 맛이 희한하다.

133 강정깨 : 껍질을 벗긴 깨. 실깨라고도 하며 강정을 만들 때 쓴다.

족편쭉을고를ᄯᅢ 기름을것으면빗이조치못ᄒᆞ니 것지말고편〻ᄒᆞᆫ그릇세ᄒᆞᆫ벌
얄ᆸ게ᄡᅡ라어린후ᄉᆡᆼ치를난도ᄒᆞ야 호초잣가루석거그우에ᄲᅳᆯ고족고은것을
그우에ᄯᅩᄲᅳᆯ아굿은후제란붓쳐치쳐너ᄂᆞ니라

고쵸쟝복ᄂᆞᆫ법 조ᄒᆞᆫ고초쟝과쇠고기난도ᄒᆞᆫ것상등ᄒᆞᆫ게ᄒᆞᆫ고ᄭᅮᆯ곰넛
코파싱강난도ᄒᆞ야넛코기름은만히너어숫불에쳔〻히복그되ᄌᆞ쥬져어
기름ᄌᆞ즐만ᄒᆞᆫ거든ᄇᆡᆨ자와ᄭᆡ를너흐라

쇠챵자룰 ᄒᆞᆫ자기리식(ᄡᅡᆯ나)쇠고기와싱치졔육을난도ᄒᆞ야온갖양념을갓초
아그속에넛코실노두머리를ᄆᆡ여솟에겅그레놋코그우에먼저문무화로
불ᄯᅦ여닉힌후ᄂᆡ며말굽갓치졉이ᄂᆞ니라

쇠고기ᄅᆞᆯ살물ᄯᅴ닥나무열민무셔넛어어조희로ᄯᅮ겁민드러덥고틈을
막아김이안이나게ᄒᆞᆫ면속히닉고맛이조흐니라

고기무르게국ᄭᅳ리ᄂᆞᆫ법 ᄭᅳᆯ일ᄯᅴ물이먼저ᄭᅳᆯ은후고길넛ᄂᆞ니닝슈
에너어ᄭᅳᆯ이면맛이업ᄂᆞ니라

개고기ᄂᆞᆫ피ᄅᆞᆯ쓰시면개시가ᄲᅡᆯ고되가사름에게유익ᄒᆞᆫ니바릴것아니라
개잡을ᄯᅴ피ᄅᆞᆯ그릇에바다고기에넛코ᄌᆞ조기넙흘ᄯᅳ되너비고으면개시가
업ᄂᆞ니라

2) 족 편

족을 고을 때 기름을 걷으면 빛이 좋지 못하니 걷지 않는다. 편편한 그릇에 한 벌 얇게 깔아 어린 후 생치를 다져 후춧가루와 잣가루를 섞어 그 위에 깐다. 족 곤 것을 그 위에 또 깔아 굳은 후 달걀을 부쳐 채쳐 넣는다.

3) 고추장 볶는 법

좋은 고추장과 쇠고기 다진 것을 똑같은 분량으로 섞어 꿀을 약간 넣고, 파, 생강을 다져 넣고 기름을 많이 넣어 숯불에 천천히 볶되 자주 저어 기름이 잦을 만하면 백자와 깨를 넣는다.

4) 쇠고기순대

소 창자를 1자 길이씩 자른다. 쇠고기, 꿩고기, 돼지고기를 다져 온갖 양념을 갖추어 그 속에 넣고 실로 양쪽 끝을 동여맨다. 솥에 경그레를 놓고, 그 위에 얹어 문무화[134]로 불을 때어 익힌 후 꺼내어 말굽같이 저민다.

☘ 역자 주 : 원문에 제목은 없으나 조리법으로 보아 순대이고, 돼지 창자가 아닌 소 창자를 사용하여 쇠고기순대라고 하였다. 재료로 채소가 없어 속이 단단했다.

5) 쇠고기 삶는 법

쇠고기를 삶을 때 닥나무 열매를 3~4개 넣어 종이로 뚜껑을 만들어 덮는다. 그 틈을 막아 김이 안 세게 하면 속히 익고 맛이 좋다.

6) 고기 무르게 국 끓이는 법

끓일 때 물을 먼저 끓인 후 고기를 넣는다. 냉수에 넣어 끓이면 맛이 없다.

7) 개고기 다루는 법

개고기는 피를 씻으면 개 냄새가 나고, 피가 사람에게 유익하니 버리지 않는다. 개를 잡을 때 피를 그릇에 받아 고기에 넣고 차조기 잎을 뜯어 넣어 고면 개 냄새가 없다.

134 문무화(文武火) : 뭉근하게 타는 불과 강하고 세차게 타는 불

눈이블은귀ᄂᆞᆫ 맛치러ᄒᆞᆫ것이니 먹지말며 민월술멀에개
ᄅᆞᆯ먹지말며 환구눈셔지누른것은무러(륙갑)토식으로비위를보ᄒᆞ고
부인혈분에명약이며흐리구쓰리와발 셔지 검은것은임게슈식을고납자
신정에셥야이이니라

살 진개를잡아피를씻지말고너조만씨셔지렴에고초장셕거넛코기
름에초시소금ᄒᆞ호초미나리파너어살무되뚜베를젓ᄎᆞᆷ덥고쥬우에물
을붓고슈건으로틈을막아 김이안이나게ᄒᆞ고ᄉᆞᆯ난소리나거든물을쳐서고다
시찬물을부어세번물을갈면잘녹ᄂᆞ니녀 갈되이지달고손으로
트더약념ᄒᆞ야국을ᄉᆞᆯ일제가루를풀지말지니라

녹육 ᄉᆞ슴은병초를먹은김션인고로도가에게셔도먹으나 약먹ᄂᆞᆫ사람이며
은편약ᄒᆞᆯ가업ᄂᆞ니 ᄉᆞ슴은ᄒᆞᆫ독ᄒᆞᆫ풀을먹ᄂᆞᆫ연괴니라

졔육은본ᄃᆡ심즁이어ᄂᆞ니 셩미가ᄎᆞᆷ히차서통병잇ᄂᆞᆫ사람과소아ᄂᆞᆫ만
히먹지못ᄒᆞᆯ것이니라

졔괴수졍 돗겁즐을기름것고졍히씨셔불ᄒᆞᆫ말에호초파너미만화로
살마무루거든너뫼찰게써으러다시금물에너어고아물러도되도아니ᄒᆞᆫ거든
쳬에밧쳐어린후초장에먹ᄂᆞ니라

눈이 붉은 개는 미치려 하는 것이니 먹지 않는다. 그리고 매월 술일[135]에도 개를 먹지 않는다. 황구가 눈까지 누른 것은 무기[136]이며, 토색[137]으로 비위[138]를 보하고, 부인 혈분[139]에 명약이며, 흑구 꼬리와 발까지 검은 것은 임계[140] 수색[141]으로 남자의 신경에 생약이다.

8) 개고기 삶는 법

살찐 개를 잡아 피를 씻지 말고 내포[142]만 씻는다. 간장에 고추장을 섞어 넣고, 기름에 초, 깨소금, 후추, 미나리, 파를 넣고 삶는다. 두에[143]를 젖혀 덮고 그 위에 물을 붓고 수건으로 틈을 막아 김이 새지 않게 놓고 (뚜껑의 물이) 끓는 소리가 나거든 물을 퍼내고 다시 찬물을 부어 3번 물을 갈면 자연히 잘 익는다. 꺼내서 칼 대지 말고 손으로 뜯어 양념을 한다. 국을 끓일 때는 가루를 풀지 않는다.

☘ 역자 주 : 개고기 삶는 법에 마지막 몇 줄은 보신탕 끓이는 방법이 같이 기록되어 있다. 국을 끓일 때 가루를 풀지 않는다고 하였는데 이때의 가루는 밀가루로 생각된다.

9) 녹 육

사슴은 영초[144]를 먹은 짐승이기 때문에 도가[145]에서도 먹으나 약 먹는 사람이 먹으면 약효가 없나니 사슴은 해독하는 풀을 먹기 때문이다.

10) 제피수정

돼지고기는 본래 힘줄이 없으나 성미가 극히 차서 풍병(風病) 있는 사람과 어린이는 많이 먹지 않아야 한다. 돼지 껍질의 기름을 걷고 깨끗이 씻는다. 물 1말에 후추와 파를 넣어 만화[146]로 삶아 무르거든 꺼내서 잘게 썬다. 다시 그 물에 넣고 고아서 묽지도 되지도 않거든 체에 밭쳐 어린 후 초장과 함께 먹는다.

135 술일(戌日) : 개의 날. 일진의 지지가 '술'로 된 날
136 무기(戊己) : 육갑(六甲)의 무기경신임계(戊己庚辛壬癸)의 여섯 가지 찬간 중의 하나
137 토색(土色) : 한의학에서 황색은 토색이라 한다.
138 비위(脾胃) : 지라(비장)와 위장
139 부인혈분(婦人血分) : 월경이 없어진 다음에 몸이 붓는 병증
140 임계(壬癸) : 육갑의 무기경신임계(戊己庚辛壬癸)의 여섯 가지 찬간 중의 하나
141 수색(水色) : 흑색
142 내포 : 짐승의 창자
143 두에 : 뚜껑의 옛말
144 영초(靈草) : 약재로서 뛰어난 효과가 있는 풀
145 도가(道家) : 도교를 숭상하는 집
146 만화(慢火) : 뭉근하게 타는 불

ᄉᆡᆼ치ᄂᆞᆫ 팔월부터 이월ᄭᅥ지 먹ᄂᆞ니 뼈가 목의 걸이면 약이 업ᄂᆞ니라 ᄉᆡᆼ
치 굽ᄂᆞᆫ 법은 ᄇᆡᆨ지ᄅᆞᆯ 물 적셔 고기ᄅᆞᆯ 틈업시 싸 구어 반ᄶᅳᆷ 녹거든 ᄇᆡᆨ지
ᄅᆞᆯ 벗기고 유장을 ᄇᆞᆯ나 굽ᄂᆞ니라

찹ᄉᆡᄂᆞᆫ 십월부터 뎡월ᄭᆞ지 ᄡᅥᆨ나니 어고기에 장을 ᄇᆞᆯ으면 맛이 업ᄉᆞ니 소곰
을 ᄇᆞᆯ나 노랏게 타도록 굽ᄂᆞ니라

ᄃᆞᆰ 늙은 것과 슈ᄃᆞᆰ은 잇ᄉᆞ도 나무토롤 가루지르고 살부면(무릅) 굴 목맛혀 기와 ᄒᆞᆫ
조각을 너으면 떤ᄒᆞᄂᆞ니라

ᄃᆞᆰ과 ᄉᆡᆼ치ᄂᆞᆫ 간이 ᄃᆞᄅᆞ서든 ᄯᅥᆨ졔 말ᄯᅥ 죽은 후 ᄇᆞᆯ을 안(ᄭᅥᆨ지) 인ᄒᆞᆫ 거든 먹지 말며
오계가 ᄇᆞᆯ 흰 것과 ᄇᆡᆨ계가 ᄇᆞᆯ 검은 것ᄉᆞᆯ 먹지 말지니라

멸우자탕(신선로) ᄉᆡᆼ치 ᄃᆞᆰ 히(ᄉᆞᆷ) 쳔복 양 쳔엽 부이 곤자손이 졔육 구숙우
미나리 도랏과 표고 지ᄒᆞᆫ 향ᄉᆞᆫ 거ᄉᆞᆯ 다 잘게 ᄡᅳ으러 복가 오식 믈들여 굴긋에 ᄀᆞᆺ
ᄀᆞᆺ초고 ᄉᆡᆼ션 젼유화 분쳐 ᄡᅥ러 기름에 복고 찰가루 조악 신치소 너어
잘게 햇어지지고 계란 ᄒᆞᆫ ᄇᆡᆨ 쳥 검은 장 쳐 곳쳐 키나게 써으러 다우 ᄭᅦ노코 졔
육 황육 살마 고기 복근 즙과 합ᄒᆞ야 국을 맨드러 붓고 숫불 피워 들기
든 ᄇᆡᆨ 젼병과 면과 조악 열 넛코 호초 가로 ᄲᅮ리ᄂᆞ니라 (은힝 ᄇᆡᆨ자 젼초 ᄇᆞᆷ 호도 ᄯᅩᄒᆞᆫ 이라)

11) 생치 굽는 법

생치는 8월부터 2월까지 먹는데, 뼈가 목에 걸리면 약이 없다. 백지를 물에 적셔 고기를 틈 없이 싸서 구워 반쯤 익으면 백지를 벗기고 유장을 발라 굽는다.

☘ 역자 주 : 생치는 3~7월 사이 독성이 있는 반하를 먹으므로 사람이 먹어서는 안 된다.

12) 참새구이 법

참새는 10월부터 1월까지 먹는데 고기에 장을 바르면 맛이 없으니 소금을 발라 노랗게 타도록 굽는다.

13) 닭 무르게 삶는 법

늙은 닭과 수탉은 앵두나무를 가로 질러서 삶으면 무르고, 굴뚝 밑의 기와 1조각을 넣으면 연하다.

닭과 생치는 간이 푸르면 먹지 않으며, 죽은 후 발을 펴지 아니 하거든 먹지 말며, 오계가 발 흰 것과 백계가 발 검은 것은 먹지 않는다.

14) 열구자탕(신선로)

꿩, 닭, 해삼, 전복, 양, 천엽[147], 부아[148], 곤자소니[149], 돼지고기, 순무, 미나리, 도라지, 파, 표고버섯, 대하, 쇠고기를 모두 잘게 썰어 볶아서 오색 물 들여 그릇에 옆옆이 놓는다. 생선 전유어를 부쳐 썰어 기름에 볶는다. 찹쌀가루로 주악을 만들어 꿩고기로 소를 넣어서 잘게 빚어 지진다. 달걀 황백청에 검은 장을 넣어서 부쳐 귀나게[150] 썰어 다 위에 놓고, 돼지고기, 쇠고기는 삶아서 고기 볶은 즙과 합하여 국을 만들어 붓는다. 숯불을 피워 끓거든 백전병과 면과 주악을 넣고, 후춧가루를 뿌린다. 은행, 잣, 대추, 밤, 배, 귤도 들어간다.

☘ 역자 주 : 달걀 황백청의 청은 달걀을 황백으로 나누어 풀어 맑게 하여 청이라 한 것으로 보인다. 백전병이라 하였는데 그 재료가 멥쌀가루인지 찹쌀가루인지 알 수 없으나, 《규합총서》에는 백병으로 되어 있어 멥쌀가루로 만든 흰 전병인 것으로 생각된다.

147 천엽 : 소의 제3 위(胃) 부위

148 부아 : 허파

149 곤자소니 : 소의 창자 끝에 달린 기름기 많은 부분

150 귀나게 : 모양이 반듯하지 않고 기울게 썰다.

편포 연ᄒᆞᆫ 황육 난도ᄒᆞ야 소곰과 기름과 호쵸 쳔쵸 미복근 것 잔가루 ᄒᆞᆫ가지로 셕
거쥬ᄅᆞᆯ 너모 양을 방뎡히 ᄆᆡᆫᄃᆞ러 쓰ᄂᆞ니라

약포 연ᄒᆞᆫ 황육 난도ᄒᆞ야 굴근 쳬에 걸너 십즁 업시 ᄒᆞ고 싱강과 난도ᄒᆞᆫ 것과
호쵸가루 ᄒᆞᆫ데 녀코 조ᄒᆞᆫ 쟝과 기름 쳐 쥬믈너 치반에 다 얇게 져ᄆᆡ고 빅ᄌᆞ 가루
ᄲᅳ려 반만 말이ᄂᆞ니라

화치 슈어를 얇게 졈여 녹말 믇쳐 가날게 ᄡᅥ으러 쳔엽 양 곤자손이 ᄀᆞ약상
치지하 젼복 ᄒᆡ삼 졔육을 다 잘게 졈여 가날게 ᄡᅥ을고 어란 외 겁즐 벗기고 며
ᄂᆞ러 표고 셕이 다 ᄉᆞ국화 닙 싱강 계란 부친 것 다 치로 ᄡᅥ으러 녹말 무쳐 ᄒᆞᆫ
가지식 ᄉᆞᆷ혀 너어 ᄎᆞ례로 살마 너코 무우 치 쳐 연지 물드려 살마 너육과 나물
치ᄂᆞᆫ 맛헤 ᄂᆞᆺ코 계란 셕이 ᄯᅩ 국화닙흔 무우 치 싱강 ᄡᅥ은 것은 우희 ᄂᆞᆺᄂᆞ니라
화치국 오미자 물 물에 당가 ᄂᆞᆺ앗다가 ᄭᅮᆯ물이 다 우러나거든 고은 쳬에 밧쳐 ᄂᆞᆺ코 녹
말을 얇게 ᄇᆞᆸ혀 가날게 ᄡᅥ으러 넛코 빅실 빅자 ᄡᅮᆯ 타ᄂᆞ니라

젼유화 계란 믇쳐 ᄭᅩᆺᄌᆞ지면 빗이 검어 조치 못ᄒᆞ니 계란에 기름 타 ᄂᆞᆺ코 슈갈노 셕연
져즈지다가 맛ᄂᆞᆫ ᄂᆞᆫ고 엉거 기젼에 싱선을 가루 믇쳐 우에 모과 너리고 ᄯᅩ 뒤집어
고와 갓치 ᄒᆞᆫ면 빗이 묘ᄒᆞ니라

15) 편 포

연한 쇠고기를 다져서 소금, 기름, 후추, 천초, 깨 볶은 것, 잣가루를 섞어 주물러 모양을 방정히[151] 만들어 사용한다.

16) 약 포

연한 쇠고기를 다져서 굵은체에 걸러서 힘줄을 없이 한다. 생강 다진 것과 후춧가루를 한데 넣고 좋은 장과 기름을 쳐서 주물러 채반에 얇게 펴고 잣가루를 뿌려 반만 말린다.

17) 화 채

숭어를 얇게 저며 녹말 무쳐 가늘게 썰고, 천엽, 양, 곤자소니, 부아, 꿩고기, 대하, 전복, 해삼, 돼지고기를 다 잘게 저며 가늘게 썬다. 어린 외는 껍질을 벗기고, 미나리, 표고버섯, 석이버섯, 파, 국화잎, 생강, 달걀 부친 것 다 채를 썰어 녹말을 무쳐 한 가지씩 솥에 넣고 차례로 삶는다. 무채를 연지물[152] 들여 삶아 어육과 나물 채는 밑에 놓고 달걀, 석이버섯, 대하, 국화잎, 붉은 무채와 생강 썬 것을 위에 놓는다.

☘ 역자 주 : 화채는 어채를 말하는 것으로 보인다.

18) 화채국

오미자를 물에 담가 놓았다가 다 우러나거든 고운체에 밭쳐 놓는다. 녹말을 얇게 부쳐 가늘게 썰어 배, 실백자, 꿀을 탄다.

19) 전유화

달걀을 묻혀 곧 지지면 빛이 검어 좋지 못하다. 달걀에 기름을 타서 수저로 떠 놓아 지지면서 밑은 익고 위는 엉기기 전에 생선에 가루를 묻혀 그 위에 놓아 익히고 또 뒤집어 그와 같이 하면 좋으니라.

151 방정하다 : 모양이 네모지고 반듯하다.

152 연지 : 홍색안료, 잇꽃(엉거싯과에 속하는 일년초로 홍화라고도 한다)을 우려 그 꽃물을 짜서 홍색물감으로 만든 것

게겁은 장을 골거 기름을 치고 계란을 석거 그지고 누른 장을 골거 계란 석거 싱
견이나 싱치에나 노와 즈지면 빗이 조흔이라
유지나 가족을로 즙치를 지며 계란 황빅청을 흔들이지 안케서야 만히 쏘다
아구리를 쐐미야 물에 너어 일야를 두엇다가 그되로 살무면 흔데 합ᄒᆞ
야 큰 계란이 되ᄂᆞ니 써으러 먹으되 만일 흔들려 황빅이 석기면 안이되
ᄂᆞ니 십분 츄의ᄒᆞᆯ지며다
계란이나 오리알 거쥭에 머리털살은 칠물에 붕ᄉᆞ를 갈아 골시써 살마바
보면 골시가 흰자위에 빅엿ᄂᆞ니라

치소류

송이졈 송이ᄅᆞᆯ 얇게 졀어 황육 체육 난도ᄒᆞ야 두부 석거 유장 맛초ᄒᆞ야 각석
양념ᄒᆞ야 소ᄅᆞᆯ ᄆᆡᆫ드러 송이 졉인 것슬 덥허 계란 ᄊᆞ워 즈지고 ᄆᆞ이리 계란과
진갈 넛고 국을 ᄭᅳᆯ니다가 송이 즈진 것슬 너어 ᄭᅳᆯ여 계란 치ᄒᆞ고 잣가루 ᄲᅳ린ᄂᆞ니라
쥭순치 쥭순을 얇게 썰어 데쳐 담갓다가 황육 싱치나 난도ᄒᆞ야 너어 조금
더 ᄂᆞᆷ고 석이 고초 파 중 ᄇᆞᆫ념ᄒᆞ고 기름에 ᄯᅴ처 진ᄀᆞᆯ 좀 너어 ᄆᆡᆫ드ᄂᆞ니라

20) 생선계장전유화 · 꿩계장전유화

계의 검은 장을 긁어 기름을 치고 달걀을 섞어 지지고, 누른 장을 긁어 달걀을 섞어 생선이나 꿩고기에 놓아 지지면 빛이 좋다.

☘ 역자 주 : 원문에는 음식의 이름이 없으나 조리법으로 보아 생선계장전유화 · 꿩계장전유화라 하였다.

21) 달걀찜

유지나 가죽으로 작은 주머니를 만들어 달걀 황백청을 흔들리지 않게 깨어 많이 쏟아 아구리[153]를 꿰맨다. 물에 넣어 하룻밤 두었다가 그대로 삶으면 한데 합하여 큰 달걀이 되니 썰어 먹되 만일 흔들려 황백이 섞이면 안 되니 십분[154] 주의한다.

22) 달걀에 글씨 새기는 법

달걀이나 오리알 거죽에 머리털 사른[155] 잿물에 붕사[156]를 갈아 글씨를 써서 삶아 낸 후 까보면 글씨가 흰자 위에 새겨진다.

9. 채소류

1) 송이찜

송이를 얇게 저미고 쇠고기와 돼지고기를 다져 두부를 섞는다. 유장을 맞추어 각색 양념을 합하여 소를 만들어 송이 저민 것을 덮어 달걀을 씌운다. 꾸미와 달걀과 밀가루를 넣고 국물을 끓이다가 송이 지진 것을 넣어 끓여서 달걀 채, 후추, 잣가루를 넣는다.

2) 죽순채

죽순을 얇게 썰어 데쳐 담갔다가 쇠고기 또는 꿩고기를 다져서 넣어도 좋다. 표고버섯, 석이버섯, 고추, 파를 양념해서 기름을 많이 치고 밀가루를 조금 넣어 만든다.

153 아구리 : '아가리'의 북한어. 입, 입구
154 십분(十分) : 넉넉히. 충분히
155 사르다 : 불에 태워 없애다.
156 붕사(硼砂) : 붕산나트륨의 백색 결정체

월과ᄎᆡ(호박) 어리고 연ᄒᆞᆫ 호박을 얇게 썰어 함ᄭᅴ 졍히 ᄒᆞ고 조ᄒᆞᆫ 것
고ᄎᆞ 표고 석이 너허 남비를 먼저 달군 후 기름 부어 각ᄉᆡᆨ 소금 색 쳐 찰전병 돈ᄶᅡᆨ 것
치게 쳐 섞거 솔솔 ᄲᅮ려 뎐조를 주니라

동화션 셜어 맛진 죵하를 잘 씨서 울혀 기름 거어 주지고 이술 말려 발ᄒᆞᆫ 깨장을
치야 어렷ᄒᆞᆫ 다가 술을 쳐 만드ᄂᆞᆫ 하다

다ᄉᆞ마 톤물에 불려 다시 삶아 부드러ᄒᆞ거든 발 꼿, ᄒᆞ쉬베 저 찰밥을 되게 지어
덜 김에 알, 버다ᄉᆞ만ᄒᆞᆫ 뎌에 거쳐 ᄒᆞᆫ 맞너 기름에 ᄌᆞ지ᄂᆞ니라
모밀가루에 밀가루 섞어 겁 체에 쳐서 물을 타 소금 반 ᄒᆞ야 잣가루 ᄒᆞ고 소셕
이를 조녀 기름에 ᄌᆞ치면 맛이 ᄒᆞ니라

병과류

복숭아 살구 넝ᄋᆞᆫ 것을 씨 발고 여서 체에 걸너 쌀가루를 고르게 묻혀 ᄒᆞᆫ
ᄭᅢ여 조희 깔고 지ᄅᆞ 너어 두엇다가 가루 ᄎᆞᆫ 간에 ᄒᆞ셔 작가말ᄒᆞ야 ᄉᆞ탕물에 버므려 되
ᄎᆞᆷ 빗은 후 ᄅᆞ게 피고 ᄆᆞᆫᄃᆞᆯ아 씨고

3) 월과채(호박)

어리고 연한 호박을 얇게 썰고 쇠고기나 돼지고기를 잘게 다져 넣는다. 파, 표고버섯, 석이버섯을 넣어 냄비를 먼저 달구고, 기름 부어 볶아 깨소금 뿌려 찰전병 돈짝[157]같이 부쳐 섞어 술안주 하면 좋다.

4) 동아선

서리 맞은 동아를 잘게 썰어 기름을 넣어서 지진다.

겨자즙 만드는 법 : 이슬을 맞혀 바랜 겨자를 개어 엎었다가 꿀을 쳐서 만든다.

☘ 역자 주 : 원문에 '이슬을 맞혀 바랜…만드느니라.' 라는 겨자즙 만드는 설명이 있어, 겨자즙 만드는 법으로 따로 분류하였다.

5) 다시마 부각

다시마를 물에 불려 다시 말렸다가 부득[158]하거든 반듯반듯하게 베어 찰밥을 되게 지어 더운 김에 알알이 다시마 한편에 붙여 볕에 말려 기름에 지진다.

☘ 역자 주 : 원문에 제목은 없으나 조리법으로 보아 다시마 부각으로 하였다.

6) 메밀전병

메밀가루에 밀가루를 조금 섞어 고운체에 쳐서 물 끓여 소금 반죽하여 잣가루, 후추, 석이버섯으로 소를 넣어 기름에 지지면 맛이 좋다.

☘ 역자 주 : 원문에 제목은 없으나 조리법으로 보아 메밀전병으로 하였다.

10. 병과류

1) 도행병

복숭아와 살구 익은 것을 씨를 발라내고 쪄서 체에 거른다. 쌀가루를 그 즙에 묻혀 볕에 말려 좋은 작은 주머니에 넣어 두었다가 추동[159] 간에 다시 가루 내어 설탕물에 버무려서 대추, 실백자, 호두, 계피 등을 고명하여 찐다.

157 돈짝 : 엽전 모양
158 부득 : '부드득'의 준말, 완전히 말리지 않고, 덜 말린 상태
159 추동(秋冬) : 가을과 겨울

찰가ᄅᆞ로 골무ᄯᅥᆨ 만ᄃᆞ러 살마 내야 ᄒᆞᆫ데 기야 복
ᄌᆞᆫᄉᆞᆯ 닷조 너어 잣가ᄅᆞ 무쳐 다 잘ᄒᆞᆫ 그ᄅᆞᆺ도 ᄒᆞᆫ 과 가득ᄒᆞ야 선긔, ᄂᆞ니라

복령병 ᄇᆡᆨ복령 가로와 ᄡᆞᆯ가로를 상반ᄒᆞ야 셜탕물에 버무려 져려
와 잣가로를 ᄒᆞᆫ데 어ᄅᆞ면 ᄆᆡᆼ구다 ᄒᆞᄂᆞ니라

석탄병 단 ᄒᆞᆫ 감ᄒᆞᆫ 쳡 겁즐 벗기고 실흘 치고 색가ᄉᆞᆯ되 작날ᄒᆞ야 ᄡᆞᆯ가
로와 찹ᄡᆞᆯᄒᆞ야 잣가로 미리되초 향ᄒᆞᆫ 석건강 계피 ᄂᆞᆫ 다ᄅᆞᆫ 가로 겹허 ᄶᅵ면 맛이
감열ᄒᆞ야 삼키기 앗갑다 ᄒᆞ야 명왈 석탄병이니라

유자단ᄌᆞ 유자겁질을 ᄡᆞᆯ며 작ᄡᆞᆯ을 것 ᄉᆡ씨여 찰가로에 강귀 ᄀᆞᆺ이 조금 석거
합ᄒᆞ야 소합ᄂᆞᆫ 물에 반죽ᄒᆞ야 정편 쳬에 ᄡᅥ 되ᄒᆞᆫ 졈 살마 걸너 ᄭᅮᆯ 석어 ᄒᆞᆫ조 계피
우로ᄅᆞᆯ 싸 복근 계피 ᄒᆞᆺ치ᄂᆞᆫ 쳬에 곱게 (거피ᄒᆞᆫ 잣을) 작은 ᄒᆞ야 뭇치ᄂᆞ니라

신검초단자 신검초 너흘을 ᄲᅵᆺ어 찰가로에 버무려 절구에 ᄶᅵ어 ᄶᅵ야 복근
거피ᄑᆞᆺ 무치ᄂᆞᆫ 법이라

두텁ᄯᅥᆨ 찹ᄡᆞᆯ 졍히 씨서 ᄆᆡ 물에 ᄆᆞ이 갈아 수비ᄒᆞ야 가타 알 거든 ᄆᆞᆯ을
ᄯᅡ르고 쳬에 보자 섯ᄭᅳ고

2) 도행단자

찹쌀가루로 골무떡을 만들어 삶아 내어 한데 개어 볶은 꿀팥소를 넣어 잣가루를 묻혀 단자를 하면 도행[160] 향기가 가득하여 신기하다.

☘ 역자 주 : 도행단자의 찹쌀가루는 이미 복숭아와 살구를 익혀 씨를 발라내고, 거른 즙을 섞어 말린 것을 의미한다.

3) 복령병

백복령가루와 쌀가루를 상반[161]하여 설탕물에 버무려 찌되 계피와 잣가루를 위에 얹으면 매우 좋다.

4) 석탄병

단감의 겉껍질을 벗기고 생률[162] 채 치듯 깎아 말려 가루 내어 쌀가루와 반반 섞는다. 잣가루, 계피, 대추, 황률[163]을 섞어 위에는 다른 가루를 덮어 찌면 맛이 감열(甘烈)[164]하여 삼키기 아깝다 하여 부르기를 석탄병이라 한다.

5) 유자단자

유자 껍질을 말려 가루 내어 건시[165]를 찧어 찹쌀가루에 섞고 당귀가루도 조금 섞어 합한다. 설탕물에 반죽하여 증편 체에 찌되 황률을 삶아 걸러 꿀을 섞어 후추와 계피를 넣은 소를 싸 볶은 거피팥 치는 체에 곱게 거피팥을 가루 내어 묻힌다.

6) 신검초단자

신검초 잎을 찧어 찹쌀가루에 버무려서 절구에 찧어 개서 볶은 거피팥고물 무치는 방법이다.

7) 두텁떡

찹쌀을 깨끗이 씻어 맷돌에 곱게 갈아 수비[166]하여 가라앉거든 웃물을 따르고 체에 보자기를 깔고

160 도행(桃杏) : 복숭아와 살구
161 상반(相半) : 서로 반반임. 서로 절반씩 어슷비슷하다.
162 생률(生栗) : 날밤
163 황률(黃栗) : 말려서 껍질과 본의(本衣)를 벗겨 낸 밤
164 감열(甘烈) : 단맛이 매우 강하고, 향긋한 맛
165 건시(乾柿) : 곶감
166 수비 : 맷돌에 간 곡식을 가라앉혀서 윗물을 따라 내고, 가라앉은 앙금을 쓰는 것

믈이 ᄀᆞᆯ골ᄒᆞ여 ᄀᆡ여 보ᄂᆞᆫ ᄑᆞᆺ소ᄅᆞᆯ 민드러 ᄉᆞᆷ겨 노흐되

넙으되 ᄭᅩᆺ치 ᄇᆞᆺ고 ᄆᆞᆯᄋᆡᄒᆞᆫ 우에 덥고 건시와 대초ᄅᆞᆯ ᄉᆞᆯ 섯치 쳐 ᄂᆞᆫ히 ᄲᅧ셔

ᄲᅥ너야 소 넌 ᄭᅥ마다 ᄯᅥ여 서리 믈이 가믈 ᄒᆞ던 못 쓰ᄂᆞ니 아모조록 되게 ᄒᆞ라

뎌초인졀미 찹쌀 ᄒᆞᆫ 것을 넌ᄒᆞᆫ 믈에 ᄃᆞᆷ가 날마다 믈을 ᄲᅡᆯ아 사오

일ᄒᆞᆫ 후에 무르녹게 ᄶᅵ고 되ᄂᆞᆫ 쏠ᄂᆞᆫ 듯이 ᄯᅥ셔 거오리 ᄎᆔ야 ᄒᆞᆫ 후니라

송편 쌀을 ᄀᆞᆯ게 깁체에 뇌여 반죽 노혹ᄒᆞ야 ᄯᅥ 너야 오티 쳐셔 흰ᄯᅥᆨ 보다 가ᄂᆞᆯ게

비ᄇᆡ여셔 뎌 다ᄃᆞ고 더 여가ᄂᆞᆯ며 빗우면 ᄭᅦ지 아니ᄒᆞᆫ ᄂᆞᆫ 팟 혜 계피 건강 가ᄅᆞ ᄒᆞ오

도 잣가로 화ᄒᆞ야 소 너코 솔닙 ᄭᆞ라 ᄶᅵ ᄒᆞ와셔 ᄲᅥ 넝으셔 ᄉᆞ셔 참기름 바르ᄂᆞ니라

화젼을 넝을 때 반죽ᄒᆞ면 빗이 그르고 기름에 만히 드ᄂᆞ니 소곰믈을 ᄭᅳᆯ혀 녀흔

길에 반죽ᄒᆞ야 두 젼 장 되ᄂᆞᆫ 맛이 녀어로 조고 국화ᄂᆞᆫ 만ᄒᆞ면 쓰다 ᄒᆞᄂᆞ니라

토련병 토련을 낫게 살나 거피ᄒᆞ야 찰가로 석거 무르녹게 ᄶᅧ셔 ᄯᅥᆨ 민드

러 참기름에 지지ᄂᆞ니라

무리를 고루 편다. 볶은 팥소를 만들어 차례로 놓되, 서로 대여 놓지 말고 무리를 위에 덮고 곶감과 대추를 굵게 채 쳐 많이 펴서 쪄 낸다. 소 넣은 켜마다 떼어 내되 무리가 묽으면 못 쓰니 아무쪼록 되게 한다.

☘ 역자 주 : 두텁떡에 볶은 팥고물을 무치는 것이 일반적이나 이 책에서는 곶감채, 대추채를 고물로 썼다.

8) 대추인절미

찹쌀 좋은 것을 더운 물에 담가 날마다 물을 갈아 4~5일 후에 무르녹게[167] 찌고 대추를 짓이겨 섞어 오래 쳐야 좋다.

☘ 역자 주 : 원문에 떡고물에 관한 설명이 없으므로 거피팥고물과 노란 콩가루고물을 묻힌다.

9) 송 편

쌀가루를 고운체에 뇌여[168] 반죽을 눅게[169] 하여 쪄 낸다. 오래 쳐서 흰떡보다도 가늘게 비비어 서려[170] 담아 떼어 가며 빚으면 터지지 아니 하나니 팥에 계피, 건강[171]가루, 호두, 잣가루를 합하여 소로 넣는다. 솔잎을 격지[172] 놓아서 쪄 내어 물에 씻어 참기름을 바른다.

☘ 역자 주 : 제목은 송편이나 만드는 법으로 보아 재증병이다.

10) 화 전

화전을 냉수에 반죽하면 빛이 잘 못 되고, 기름이 많이 드니 소금물을 끓여 더운 김에 반죽한다. 두견, 장미는 많이 넣어도 좋으나 국화는 많이 넣으면 쓰다.

11) 토련병

토란을 익게 삶아 껍질을 벗겨 찹쌀가루에 섞어 무르녹게 쪄서 떡을 만들어 참기름에 지진다.

167 무르녹다 : 과일이나 삶은 음식이 익을 대로 익어서 흐무러지다.
168 뇌다 : 더 보드랍게 하려고 가루를 다시 고운체에 치다.
169 눅다 : 1. 반죽 따위가 무르다, 2. 습기가 있어 부드럽다.
170 서리다 : 길고 잘 감기는 물건을 동그랗게 포개어 감다.
171 건강(乾薑) : 한방에서 이르는 말로 말린 생강
172 격지 : 여러 겹으로 쌓여 붙은 켜

잡과편 디초것시 얇게 졀여 ᄃᆞ려 어리던 갓치 써으러 ᄉᆡᆼ강 칠ᄒᆞᆫ 데셔
고 ᄎᆞᆯᄊᆞᆯ로 곰무셔 ᄉᆞᆯᄯᅡ너야 ᄉᆞᆯ치고 ᄒᆞᆫᄃᆞᆼ ᄉᆞᆯᄯᅡ 널너 계ᄅᆡ 호고 셔근조를 ᄊᆡ
고 실과 과회와 잣 ᄀᆞᄅᆞ를 부치ᄂᆞ니라
디초조약은 실ᄒᆞᆫ 디초를 ᄒᆞ야야 연ᄒᆞ고 빗이 조흐니라
밤조악은 황률ᄀᆞᄅᆞ ᄭᅮᆯ에 반죽ᄒᆞ야 계피 건강 잣가ᄅᆞ를 ᄭᅮᆯ에 ᄆᆡ야소
녀어 만두과 갓치 ᄆᆡᆫᄃᆞ러 빗어 ᄭᅮᆯ에 ᄌᆞ고 잣가ᄅᆞ를 바ᄅᆞᄂᆞ니라
감자병 감자 겁즐 벗기셔서 ᄉᆞᆯ마 작말ᄒᆞ야 ᄡᆞᆯᄀᆞᄅᆞ와 합ᄒᆞ야 셕ᄂᆞ니라
나복병 무ᄭᅮᆯᄅᆞᆯ 얇게 ᄡᅥ러 졀여 소금물에 잠가 건져 ᄡᆞᆯᄀᆞᄅᆞ 고로 ᄆᆡᆫ든 것
만두고 아니 ᄆᆞᆫ든 것은 도도녀러 그 무구쪽을 지ᄒᆞ에 안칠 적에 ᄡᆞᆯᄀᆞᄅᆞ를
디강 석겨 ᄶᅵᄂᆞ니라
원소병 찰ᄀᆞᄅᆞ를 깁체에 쳐 ᄉᆞ탕물에 반죽ᄒᆞ야 디조로 ᄯᅥ 겹은 즙에 녀어
경단만치 빗어 ᄉᆞ탕물에 ᄉᆞᆯᄆᆞ 죽단 갓치 물 ᄶᅥ 면쳐 이ᄂᆞᆫ ᄒᆞ고 원소가
ᄒᆞ야 먹으면 인요로 편ᄒᆞᆯ 원소병이니라

12) 잡과편

대추와 곶감을 얇게 저며 말려서 머리털같이 썰어 생률 채 친 것을 한데 섞는다. 찹쌀가루는 골무떡을 만들어 삶아 내어 꿀을 넣고 황률을 삶아서 걸러 낸 것과 계피, 호두를 섞어 소를 싸고 실과채[173]와 잣가루를 묻힌다.

☘ 역자 주 : 잡과편이라 하였으나, 잡과단자이다.

13) 대추주악

생반죽[174]을 해야 연하고 빛이 좋다.

☘ 역자 주 : 《규합총서》에는 익반죽을 하면 질기고 빛이 엷다고 하였다.

14) 밤주악

황률가루를 꿀에 반죽한다. 계핏가루, 생강가루, 잣가루를 꿀에 개어 소 넣어 만두과같이 틀어 빚는다. 그 위에 꿀과 잣가루를 바른다.

15) 감자병

감자[175]를 껍질째 씻어 말려 가루를 만들어 쌀가루와 합하여 떡을 찐다.

16) 나복[176]병

무를 얇고 넓게 저며 소금물에 담갔다 건진다. 쌀가루에 굴려 묻은 것만 두고, 안 묻은 것은 도로 떼어 그 무쪽을 시루에 안칠 때에 쌀가루를 대강 뿌려 찐다.

17) 원소병

찹쌀가루를 고운체에 쳐서 설탕물에 반죽한다. 대추를 쪄 걸러 낸 즙에 넣어 경단만하게 빚어 설탕물에 삶아 수단같이 물째 먹는다. 이것은 하북[177]의 원소가 먹던 떡이므로 부르기를 원소병이라 한다.

☘ 역자 주 : 원소병은 병과류에 포함되어 있으나 음청류이다.

173 실과채 : 대추, 곶감, 생률 등 과실의 채
174 생반죽 : 찬물에 하는 날반죽
175 감자(柑子) : 홍귤나무의 열매
176 나복(蘿蔔) : 무
177 하북 : 허베이(Hebei, 河北), 중국 황허 강(黃河江) 북쪽 지역

증편 빅미 옥갓치 씨허 졍히 씨셔 쪄 ᄆᆞᆯ뇌야 물ᄅᆞᆯ 곱 웃지 게 ᄀᆞᆯ녀 약
간쳐 가녀 되게 반죽ᄒᆞ야 담숙에 넣슈 타오 참기름 조곰 가지고 반죽
울 헤치고 무여 가며 맛을 엽 서 조곰여 맛보아 술 맛 잇거든 반죽ᄒᆞᆫ 것
을 손으로 들어 쳔 쳔이 혀질만 ᄒᆞ거든 우긔쳘 ᄡᅥ 되야 ᄯᅡᄯᅳᆺᄒᆞᆫ 방에 노아 두다
가 구술이 잇거든 체에 보자 펴고 증편을 담아 너허 방울에 뗀 것이 네 비운
뎌어 시골ᄂᆞ고 편안 술 ᄃᆡ로 건서 셔 이를 잘게 ᄡᅳ을 우에 씨키고 설
ᄯᅳᆨ 의며 ᄶᅡᆨ고 보자 덥혀 ᄯᅵ다 거든 물을 만ᄃᆞ러 ᄂᆞ녀 기름 발나 ᄇᆞ혀 ᄂᆞ니라
상화 일신 물을 거에 타 주 타 ᄉᆞᆯ이 ᄀᆞᆯ 누룩 소금 버무려 두엇다 지나 ᄒᆞ후 덜
가로를 깁체에 노어 ᄉᆞᆯ물을 걸너 반죽ᄒᆞ야 덥혀 더운 데 반 일을 두면 엽
어나 만ᄒᆞ지고 버귀 집 ᄀᆞᆺᄒᆞ거나 복근 ᄭᅢ 팟소를 ᄒᆞᆫ 두 겹 고 밀 ᄒᆞᆫ 얇게
빗어 빅지를 펴고 더운 반에 두면 일어 날 것이니 상화를 물에 담가 ᄯᅳᆫ
것을 건져 시루에 안쳐셔 닉거든 물 ᄉᆡᆨ 터너 우라
유밀과 진ᄀᆞᄅᆞ 이면 유쳥도 각 ᄒᆞᆫ 잔 ᄂᆞᆫ 이ᄆᆞᆫ 나 ᄉᆞᆯ 기름 ᄒᆞᆫ 데 섯고 소쥬 조
금 ᄶᅥᆨ ᄒᆞ 반죽ᄒᆞ야 홍두ᄭᅢ로 다식 과나 약과나 민드러 기름에 ᄌᆞ지되
자초 ᄯᅵ 젹어 노지 안이게 ᄒᆞ야 잘 닉은 후 ᄭᅮᆯ에 계피 건강 ᄒᆞ야 ᄒᆞ야 ᄯᅳᆸ고
잠근 ᄯᅡᆷ이 다 ᄯᅳ더 가나 너야 장 ᄀᆞᆯ우 ᄉᆡᆨ 되라 각ᄉᆡᆨ 여다 이 법이니라

18) 증편

멥쌀을 옥같이 쓸어 깨끗이 씻어 가루 내어 펄펄 끓는 물을 쳐가면서 되게 반죽한다. 탁주에 냉수를 타고 참기름 조금 가지고 반죽을 헤치고 부어 가며 망울 없이 푼다. 맛 보아 술맛이 나거든 반죽한 것을 손으로 들어 보아 천천히 쳐지면 유지로 싸매어 따뜻한 방에 놓아 둔다. 구슬이 일거든 체에 보자기를 펴고 줄줄이 흘러내려 방울이 되게 해서 빈 데 없이 골고루 펴 안친다. 대추, 곶감, 석이버섯을 잘게 썰어 위에 뿌리고 실백을 반씩 쪼개어 박고 보자기를 덮어 찐다. 다 익거든 보자기에 물을 축여 떡을 꺼내어 기름 발라 자른다.

19) 상화

밀기울 죽에 탁주를 타서 쑤어 누룩가루와 소금을 버무린다. 하룻밤 지낸 후 밀가루를 고운체에 내리어 술을 걸러 반죽하여 덮어서 더운 데에 한나절 정도 두면 일어나 많아지고 벌집 같으니 볶은 꿀팥소를 위는 두껍고 밑은 얇게 빚어 백지를 펴고 더운 방에 두면 일어날 것이니 상화를 물에 담가 뜨는 것을 건져 시루에 안쳐 쪄서 익거든 물을 뿌린다.

20) 유밀과

밀가루 1말에 유청[178] 1말이 필요하다. 꿀과 기름을 함께 섞고 소주를 조금 넣어 급히 반죽하여 홍두깨로 밀어 다식과나 약과를 만들어 기름에 지진다. 자주 뒤적여 눋지 않게 하여 잘 익힌 후 꿀에 계피, 말린 생강을 합하여 꿀이 다 배어들면 꺼내 잣가루를 뿌린다. 각 방법이 다 이와 같다.

178 유청(油淸) : 기름과 꿀

룡안육다식 룡산거플을 벗시며 ᄉᆞ탕슈에 반쥭ᄒᆞ야 다식박ᄂᆞ니라

흑님다식 흑님을 관이복가 지ᄡᆞᆯ고 졀구에 흠신 ᄶᅵ여 기름을 ᄌᆞᆫ을 쥐
여짜고 다식관에 ᄭᅮᆯ을 면져ᄉᆞ탄 가로 메이고 박으면 검은 비단에 흰 ᄭᅮᆯ
ᄭᅩ노은 것 갓ᄒᆞᆫ니라

녹말다식 오미자국에 연지 ᄭᅮᆯ타 녹말을 반쥭ᄒᆞ야 음건ᄒᆞ야 다시
비비여 깁체에 쳐 셜당슈와 ᄭᅮᆯ에 반쥭ᄒᆞ야 박으되 계피 경강 ᄲᆞᆯ을
너어ᄒᆞᄂᆞ니라

쏙졍과 죠흔 산ᄯᅡᆨ ᄭᅩᆺ 쏙의여 씨 거서 ᄆᆞᆯ에 데쳐 ᄆᆞᆯ은 ᄯᅡ라 바리고 빅ᄉᆞ
쳥부(ᄭᅮᆯ)두면 오릐두어도 빗과 맛이 여젼ᄒᆞᄂᆞ니라

싱강졍과 싱강 살ᄯᅡ 노흘 바리고 ᄭᅮᆯ물 너어 만화로 조리되 싱운 ᄯᅳᆨ에
ᄭᅮᆯ ᄌᆞᆷ조 열어이ᄭᅮᆯ을 쓧쳐야 쳥과가 윤틱ᄒᆞᄂᆞ니라 면 곤은 데 쳐 싱강
졍과와 갓치ᄒᆞᄂᆞᆫ 법 이니라

21) 용안육다식

용안육[179]을 짓이겨 설탕물에 반죽하여 다식을 박는다.

22) 흑임다식

흑임자를 지나치게 볶지 말고 절구에 흠씬 찧어 손으로 기름을 쥐어짠다. 다식판에 있는 글자를 먼저 설탕가루로 메우고 박으면 검은 비단에 흰 글자를 놓은 것 같다.

23) 녹말다식

오미잣국에 연지를 타서 녹말을 반죽한다. 그늘에서 말려 다시 비비어 고운체에 쳐 설탕물과 꿀에 반죽하여 박는다. 계피, 말린 생강가루를 넣고 한다.

24) 쪽[180]정과

굵은 산사를 쪼개어 씨 없이 물에 데쳐 물은 따라 버리고 백청을 부어 두면 오래 두어도 빛과 맛이 변함없다.

☘ 역자 주 : 원문에 쪽정과로 되어 있으나, 사용된 재료로 보아 산사쪽정과이며, 당침법을 이용한 것이다.

25) 생강정과

생강을 삶아서 물을 버리고 꿀물을 넣어 만화로 졸이되 새옹[181] 뚜껑을 자주 열어 이슬을 닦아 내야 정과가 윤택이 난다.

26) 연근정과

연근은 데쳐 생강정과와 같은 방법으로 한다.

☘ 역자 주 : 제목은 없었으나 연근정과라 붙였다.

179 용안육(龍眼肉) : 용안의 열매를 한방에서 이르는 말

180 쪽 : 여뀟과의 한해살이풀. 중국 원산. 줄기 높이 50~60cm가량, 잎은 긴 타원형, 여름에 붉은 꽃이 피고, 잎은 남빛의 물감으로 쓴다.

181 새옹 : 놋쇠로 만든 작은 솥

잉도편 잉도를 ᄭᅴ여 걸너 싱강예조려 길을 엉긜만ᄒᆞ거든 ᄭᅮᆯ을조금
타녀게조려 졉시예ᄯᅥ보아 즉 편갓거든 ᄯᅥ서 셕여 쓰ᄂᆞ니라 ᄭᅮᆯ노흔과ᄃᆡ

이법뎌로ᄒᆞᄂᆞ니라

모과편 조흔모과ᄉᆞᆯ마 걸너 잉도편 갓치ᄒᆞ되ᄭᅮᆯ 만흠되게져야야

어리ᄂᆞ니라

살구편번편보다잉도편 갓치ᄒᆞᄂᆞ니라

향셜고 싀고단ᄂᆞ흔ᄇᆡ를 겁질벗겨호쵸박어ᄭᅮᆯ물타노구에붓고

싱강졀여너어만화조ᄅᆞ지면맛이ᄃᆞᆯ되ᄇᆡ가싀지안키는오미ᄌᆞ국을잠간

치면조흐며수졍과ᄭᅮᆯ타면들조려국을넉넉이ᄒᆞ고계피가루

와실ᄇᆡᆨ을ᄯᅴ울지니라

27) 앵두편

앵두를 체에 걸러 새옹에 졸여서 엉길 만하거든 녹말을 조금 타 익게 조려 접시에 떠 보아 족편 같거든 펴서 식혀 쓴다.

28) 복분자편

복분자도 앵두편과 같은 방법으로 한다.

☘ 역자 주 : 제목은 없었으나 복분자편이라 붙였다.

29) 모과편

좋은 모과를 삶아 걸러 앵두편같이 하되 녹말을 되게 개어야 굳는다.

30) 살구편

앵두편같이 한다.

☘ 역자 주 : 제목은 없었으나 살구편이라 붙였다.

31) 벗 편

앵두편같이 한다.

☘ 역자 주 : 제목은 없었으나 벗편이라 붙였다.

32) 향설고

시고 단단한 문배를 껍질을 벗겨 후추를 박아 꿀물에 타서 노구에 붓고 생강을 저며 넣어 만화로 지지면 맛이 달되 배가 시지 않거든 오미잣국을 조금 치면 좋다.

33) 수정과

수정과를 하려면 덜 졸여 국물을 넉넉히 해서 계핏가루와 실백을 띄운다.

떡복기 흰떡을 ᄡᅡ흐러 술국과 악깃 등셥을 ᄒᆞᆫ 납ᄌᆞᆨ히 ᄡᅥ러 어부
장맛 ᄎᆞ고 ᄌᆞᆯ고 석이를 가ᄂᆞᆯ게 ᄡᅥ러 ᄎᆞᆺ을 ᄃᆞᆯ이고 고기를 복가다가 거ᄅᆞᆫᄂᆞᆫ
ᄒᆞᆺ거든 떡과 양념을 넣고 유장 더 ᄒᆞ야 다시 복가 흡신 어온 후 퍼서 잣ᄉᆞᆯ
곱호초가루 원 갓 단히 넣으라

국슈비빔 밥ᄡᆞᆯ고 졸쉬 국슈 ᄭᅳᆯ흔 ᄂᆞᆯ 겨 노코 슈육과 살ᄆᆞᆫ 쳥국 ᄒᆞᆫ 졈 섯ᄭᅥ
치 셩강 프고 과를 다 치쳠복고 명초ᄒᆞ다 져슈에 원 잣 너어 완 산 뎔 드리
미나리 ᄡᆞᆯ다 ᄒᆞᆫ 데 볏ᄒᆞ야 살 빅 섯 ᄭᅥᆫ ᄒᆞᆫ ᄀᆞᆯᄀᆞ 석려 국슈에 너어 범
되 맛 조ᄒᆞᆫ 조장을 부으면 희안ᄒᆞᆫ니라

광쥬빅당법(흰엿) ᄡᆞᆯ을 ᄡᆞᆯ 쳥ᄒᆞ야 씨서 밥 지어 ᄉᆞᆺ에 두고 엿기름 기루 ᄒᆡ ᄀᆞᆺ
을 넣은 물 세 사발에 풀어 밥 ᄉᆞᆺ에 석거 ᄯᅮ에 덥고 져 불 지워 ᄉᆞᆺ밋이 더
울만치 ᄒᆞ야 밥이 다 물이 되거든 ᄲᅦ자 후에 걸너 도로 ᄉᆞᆺ헤 붓고 다시 져
불 피워 만화 조공으면 부리은 빗 날 것이니 너며 지 호초 등 물 너어 두
면 흑당이 되나니 맛 족바교 엿을 걸어 노리면 빅당이니라

34) 떡볶이

흰떡을 썰어 숙육[182]과 양깃머리,[183] 등심살을 풀잎같이 저민다. 유장을 맞추고, 파, 표고버섯, 석이버섯을 가늘게 썰어 달군 솥에 볶다가 익을 만하거든 떡과 양념을 넣는다. 유장을 더 넣어 다시 볶아 흠씬 익힌 후 퍼서 잣, 소금, 후춧가루 등 온갖 것을 많이 넣는다.

35) 국수비빔

발 잘고 질길 국수를 그릇에 한 켜 놓는다. 숙육과 삶은 돼지고기, 해삼을 저며 놓고, 채 친 배, 생강, 표고버섯, 파를 다 채 쳐 볶는다. 정육[184]을 다져 속에 통잣을 넣고 완자를 만들어 삶은 미나리와 앞의 모든 재료를 한데 합하여 실백, 깨소금, 후춧가루를 뿌려 국수에 넣어 비빈다. 맛좋은 초장을 부으면 매우 맛있다.

☘ 역자 주 : 여기의 국수는 밀국수인지 냉면국수인지는 알 수 없다.

36) 광주 백당법(흰엿)

쌀 1말을 깨끗이 씻어 밥을 지어 솥에 둔다. 엿기름가루 1되 반 정도를 더운물 3사발에 풀어 밥솥에 섞어 뚜껑을 덮고 겨불[185]을 피워 솥 밑이 더울 만큼 해서 밥이 다 물이 되거든 베자루에 걸러 도로 솥에 붓고 다시 겻불을 피워 만화로 고우면 붉은빛이 날 것이다. 꺼내어 깨, 후추 등을 넣어 섞으면 흑당이 된다. 말뚝을 박고 엿을 걸어 늘이면 백당이 된다.

182 숙육(熟肉) : 수육의 원말, 삶은 쇠고기

183 양깃머리 : 소의 첫 번째 위, 소를 비롯한 반추동물에게는 위장이 4개로 나뉘어 있는데 혹위 · 벌집위 · 겹주름위 · 주름위이다. 음식을 먹으면 일단 혹위와 벌집위로 보내뒀다가 토해 되새김질한 뒤 다시 제대로 먹어 겸주름위와 주름위로 보내게 된다. 이들 위 중 첫 번째가 양, 두 번째가 벌양, 세 번째가 천엽, 네 번째가 막창이라 부르는데 양은 소 한 마리에서 나오는 양이 극히 적다. 이를 양깃머리라고도 한다.

184 정육(精肉) : 쇠고기의 살코기

185 겨불 : 겻불의 오기. 겨를 태우고 남은 불로 불기운은 아주 미미한 불

연안식혜법 큰조기ᄅᆞᆯ마석쑝업시ᄒᆞ야 졍히씨서벼슈건에쥐여ᄶᅡ물기업서ᄒᆞ야잠간ᄆᆞᆯ뢰 노코빗기쳠 히씨서밥짓고엿길음가루ᄅᆞᆯ밥ᄃᆡ로본증ᄒᆞ야 넌코조기ᄆᆞᆯ인것너여사긔항아리에넌코ᄒᆞᆫ켜ᄒᆞᆫ별지실빅ᄀᆞᄅᆞ갑간치너어ᄉᆞᆷᄉᆞ일후조귀ᄉᆞᆯ빗치붉어서든먹으되담ᄀᆞᆯ셔기ᄅᆞᆯ조곰소곰조곰식타면조ᄒᆞᆫ니라

과쳐수장법

모든실과ᄅᆞᆯ납설슈에담그면ᄒᆡᄅᆞᆯ지나도변ᄒᆞ지안이ᄒᆞᄂᆞ니라

싱ᄎᆞᆯ졀노ᄯᅥ러진것을물에담가ᄯᅳᆫ것은업시ᄒᆞ고잠간너러물기업거든독에넛되모리ᄅᆞᆯ복가식거든모리ᄒᆞᆫ벌ᄉᆞᆯ고밤ᄒᆞᆫ벌ᄭᆞᆯ아ᄎᆞ뎡은후나무뎝을오우ᄅᆞᆯ덥고고ᄅᆞᆺ에덥고ᄒᆞᆫ도로봉ᄒᆞ야두되ᄉᆞᆯ독은쳐메두지말지니라

ᄇᆡᄂᆞᆫ서리온후에독속에무우와갓쳐ᄒᆞᆫ켜식 너어두면상치아니ᄒᆞᄂᆞ니ᄉᆞᆯᄂᆞᆯ솟에지질ᄯᅢ향양쳐ᄒᆞᆫ흙을결쳐와고빈닙을만히ᄒᆞ야말고걱지덥허두ᄅᆞ면오ᄅᆡ도상ᄒᆞ거나 말우리아니ᄒᆞᄂᆞ니라

입ᄉᆞᆷᄇᆡ지어든이삽지ᄅᆞᆯᄉᆞᆯ다물이석거든독에붓고남은ᄭᅳᆯ섭지ᄅᆞᆯ잡ᄀᆞᆯᄂᆞ부리ᄅᆞᆯ봉ᄒᆞ야두면상ᄒᆞ지아니ᄒᆞᄂᆞ니라

37) 연안식해법

큰 조개를 까서 똥 없이 깨끗이 씻어 베수건에 쥐어짜 물기 없이 잠깐 말린다. 멥쌀은 깨끗이 씻어서 밥을 짓고 엿기름가루를 밥 분량대로 분등하여 넣는다. 조개 말린 것을 넣어 사기 항아리에 담고, 좋은 대추 10개, 실백 한 줌을 같이 넣어 3~4일 후 조갯살 빛이 붉어지면 먹되 담글 때 기름과 소금을 조금씩 타면 좋다.

11. 과채수장법

모든 실과를 납설수[186]에 담그면 해를 지나도 변하지 않는다.

1) 생 률

저절로 떨어진 것을 물에 담가 뜨는 것은 버리고 잠깐 널어 물기 없거든 독에 넣되 모래를 볶아 식거든 모래 한 벌 깔고, 밤 한 벌 깔아 채워 넣은 후 낙엽으로 위를 덮고, 그릇을 덮어 황토로 봉하여 두되 술독 근처에 두지 않는다.

2) 배

배는 서리 온 후에 독 속에 무와 같이 한 켜씩 넣어 두면 상하지 않으나 술내를 쏘이지 말며, 행랑채 흙을 깊이 파고 배 잎을 많이 따 깔고 격지 덮어 묻으면 오래도록 상하거나 마르지 않는다.

3) 임 금

임금[187] 100개거든 20개를 삶아 물이 식거든 독에 붓고 남은 80개를 담가 독 부리를 봉하여 두면 상하지 않는다.

186 납설수(臘雪水) : 동지가 지난 뒤 셋째 무일(戊日)인 납일에 내린 눈을 녹인 물
납설(臘雪) : 납일(臘日)에 내리는 눈
187 임금(林檎) : 능금

홍시경물에항아리에녀흘붓고 감을담거 얼거든 항을ᄡᅴ우리고 여름 뎐이ᄌᆞᆯ
빙고에두면 여름ᄭᆞ지 잇ᄂᆞ니라

싱감들녀어 단ᄂᆞᆫ ᄒᆞᆫ것을 넝유에소곰ᄡᅡ게 타독에붓고잠가두면 희가진ᄒᆞ
야도빗이변치아니ᄒᆞ니 떡ᄡᅥᆷ시ᄒᆞ야 뎡근물에담가 퇴림ᄒᆞᄂᆞ니라

포도ᄯᅳᆯ속에넛커나 납셜유에담그면 봄ᄭᆞ지잇셔도변치아니ᄒᆞᄂᆞ니라

셕뉴크고조ᄒᆞᆫ것을가지ᄯᅢ로 ᄯᅥ거 질항에녀어 조희로ᄯᅥᄯᅥ겹ᄒᆞᆫ、 회봉ᄒᆞ
야두면오ᄅᆡ잇ᄂᆞ니라

감자와귤은무우와ᄒᆞᆫ가지두면봄에도셕지아니ᄒᆞᄂᆞ니라

복숑아보리죽쓔어츠거든오지항에붓고잠가간 희영ᄒᆞ야 겨울을넘으면
시로ᄯᅡᆫ듯갓ᄒᆞ니라

슈박회빗보이지아니ᄒᆞ고먼지혹울이지아니ᄒᆞ면 겨울ᄭᆞ지 엇ᄂᆞ니 칼을
되히지말고손톱을ᄡᅵ며벗ᄒᆡ 잠간노왓다가 먹으면 여름갓치ᄎᆞ니라

ᄯᆞᆯ은실과낫잇슬맛ᄎᆡ면 싱싱ᄒᆞᆫ것갓ᄒᆞ니라

4) 홍 시

겨울에 항아리에 물 붓고 감을 담가 얼거든 항아리를 깨뜨리고 얼음덩이를 빙고에 두면 여름까지 있다.

5) 생 감

생감 덜 익어 단단한 것으로 냉수에 소금 짜게 타 독에 붓고 담가 두면 해가 지나도 빛이 변하지 않으니 먹기 전에 더운물에 담가 토렴[188]한다.

6) 포 도

포도를 꿀 속에 넣거나 납설수에 담그면 봄까지 있어도 변하지 않는다.

7) 석 류

석류 크고 좋은 것을 가지채로 꺾어 질항아리에 넣어 종이로 여러 겹 단단히 봉해 두면 오래 있다.

8) 감자 · 귤

감자와 귤은 무와 같이 두면 봄에도 썩지 않는다.

9) 복숭아

복숭아는 보리죽 쑤어 차거든 오지항아리에 붓고 담가 단단히 봉하여 겨울을 나면 새로 딴 것 같다.

10) 수 박

수박은 햇빛을 보이지 아니 하고 먼지를 올리지 아니 하면 겨울까지 있으니 칼을 대지 말고 손톱으로 깨어 볕에 잠깐 놓았다가 먹으면 얼음같이 차다.

11) 마른 실과

마른 실과는 이슬 맞히면 생것 같다.

188 토렴 : 찬 밥이나 국수에 뜨거운 국물을 여러 차례 부었다 따랐다 하여 덥게 한다.

모든나물은숫무우와무우굵고조흔것을갈노꼬리를버히되반씀남기
고움나난머리를인도로즈저무드면봄이되야도움이아니난다ᄒᆞ고
쏙이비지아니ᄒᆞᄂ니라
동화와호박은더운방에두면겨울에상치아니ᄒᆞᄂ니라
외와가지난짐물밧든져에두면오리도갓ᄃᆞᆫ것갓고화로져도쓰ᄂ니라 41
송이말은것은진흙물에담그면싱것갓ᄒᆞ니라
참외난넓설슈에우리동녹과갓치너어두면상치아니ᄒᆞᄂ니라
두릅십월에두릅가지를두어ᄌ씀되게버혀큰분에흙을담고가지를십
거더운방에두어더운물을쥬면순이나서나물ᄒᆞ야먹ᄂ니라
ᄇᆡ치석되를석러후에움에넛고말똥을싸두면닙히나서연ᄒᆞ고조흔기메
실ᄒᆞᆫ이업ᄂ니라
고사리연ᄒᆞᆫ것을말는질을뭇처볏희말니되치를씨서도로말니되겨울
에더운물에담가우서면드런연ᄒᆞᄂ니라

12) 순무와 무

모든 나물은 순무와 무 크고 좋은 것을 칼로 꼬리를 베어 버려 반쯤 남기고 움 나는 머리를 인두로 지져 묻으면 봄이 되어도 움이 나지 않고 속이 비지 않는다.

☘ 역자 주 : 모든 나물은 순무와 무에 대한 저장방법이나 원문에 모든 나물이라고 하여 제목을 모든 나물로 하였다.

13) 동아 · 호박

동아와 호박은 더운 방에 두면 겨울에 상하지 않는다.

14) 외 · 가지

외와 가지는 잿물 받은 데에 두면 오래 두어도 갓 딴 것 같고 화로의 재로도 쓴다.

15) 송 이

송이 마른 것은 진흙물에 담그면 생것 같다.

16) 참 외

참외는 납설수에 구리 동녹과 같이 넣어 두면 상하지 않는다.

17) 두 릅

10월에 두릅가지를 두어 자쯤 되게 베어 큰 분에 흙을 담고 가지를 심어 더운 방에 두고 더운 물을 주면 순이 나서 나물하여 먹는다.

18) 배추뿌리

배추뿌리를 서리 내린 후에 움에 넣고 말똥으로 싸 두면 잎이 나서 연하고 줄기에 심이 없다.

19) 고사리

고사리 연한 것을 마른 재를 묻혀 볕에 말려 재를 씻어 도로 말려 겨울에 더운물에 담가 음식 만들면 연하다.

소로장이구섯월간에쌔리를만히캐며움속에셥오고흙을덥고무엇오맛
앗다가졍월에보면은간혼흙기가움속에가득하얏스되니국을스리면
맛이아름다오니라

움파굴은파를봄에셥어가을에키야한계두엇다가정월에것접흙
망벗겨타리엿거셥속에겨지지며너어움속에두고무울쥬면움
이나는법이니라

졔과독

복숑아살구씨들이가지즁씨두ㄱ엿난것은독이잇스니먹지말며복숑
화먹은후목욕을호면임질을엇고은힝은만히먹지말며감은모우
와술을갓치먹지말며감과게를갓치먹지말며비와게도갓치먹지말
지니다독이잇난이라석뢰맛은외를먹으면비위가상하고벗섯털빗
난것을먹지말치니우에며더가치굴혹먹어도황동물어한족흘나니라

20) 소루장이

소루장이[189]를 9~10월간에 뿌리를 많이 캐어 움 속에 심고 흙을 덮고 움을 막았다가 정월에 보면 은 같은 줄기가 움 속에 가득하여 있으니 국을 끓이면 맛이 아름답다.

21) 움 파

움파[190] 굵은 파를 봄에 심어 가을에 캐서 밖에 두었다가 겨울에 겉껍질을 대강 벗겨 타래 엮어 섬 속에 격지지어 넣어 움 속에 두고 물을 주면 움이 나는 법이다.

12. 제과독(여러 과일의 독)

복숭아와 살구 중 씨가 둘 있는 것은 독이 있으니 먹지 않는다. 복숭아를 먹은 후에 목욕하면 임질[191]을 얻고, 은행은 많이 먹지 말며, 감은 무와 술을 같이 먹지 말며, 감과 게를 같이 먹지 말며, 배와 게도 같이 먹지 말지니 다 독이 있는 것이다. 서리 맞은 오이를 먹으면 비위가 상하고, 버섯은 털 있는 것을 먹지 말지니, 위의 여러 가지를 혹 먹어도 황토물이 해독한다.

189 소루장이 : 소루쟁이. 마디풀과의 여러해살이풀. 줄기 높이는 60cm가량, 잎은 어긋맞게 나며 긴 타원상 피침형인데 매우 쭈글쭈글함. 6~7월에 담녹색의 많은 작은 꽃이 피고, 수과(瘦果)를 맺음. 들의 습지에 남. 어린잎은 식용함. 양제(羊蹄). 양제초(草). [준말]솔쟁이.

190 움파 : 1. 베어 먹은 뒤에 다시 난 파, 2. 움 속에서 자란 빛이 누런 파.

191 임질(淋疾/痲疾) : 임균이 일으키는 성병. ≒임병.

졔유수츄법

참ᄭᆡᄒᆞᆫ말에기름석되가나고들ᄭᆡᄂᆞᆫ두되가나되참ᄭᆡᄂᆞᆫ면져ᄲᅡ진
것이기름이만ᄒᆞᄂᆞ니라
참기름납월에ᄶᆞᆫ것을누에치ᄂᆞᆫ방에두면버러지가못들고약민든
데넣으면신효ᄒᆞ고머리에발너조흐니라
수박씨ᄂᆞᆫ복가기름ᄶᆞ면향취잇ᄂᆞᆫ이라
봉션화씨기름은조ᄒᆞ되먹으면니가ᄲᅡ지ᄂᆞ니라
콩을도기름ᄶᆞ면담ᄒᆞ고음식에치면조ᄒᆞ니라
면화씨기름도더단ᄒᆞᆫ조타ᄒᆞ니라
만질베숌약안질니목ᄂᆞᆫ우을도나면뎐평이라고발바둥에쓰고목ᄂᆞᆫ아
래에나면디평이라고발바둥에쓰되남좌녀우ᄒᆞᄂᆞ니라
양졍물먹은데는미나리셩강디효세가지즙을넣여먹
으면즉쳔이난이라

부인필지 상권 終

13. 제유수취법(여러 가지 기름 짜는 법)

1) 참기름 · 들기름

참깨 1말에서 기름 3되가 나고, 들깨는 2되가 나되, 참깨는 첫 번째로 짠 것이 기름이 많다.

참기름 납월에 짠 것으로 누에치는 방에 켜면 벌레가 못 들고, 약 만드는 데 넣으면 신효[192]하고, 머리에 발라도 좋다.

☘ 역자 주 : 제목은 없었으나 참기름, 들기름이라 붙였다.

2) 수박씨 기름

수박씨를 볶아 기름 짜면 향취가 있다.

3) 봉선화씨 기름

봉선화씨 기름은 좋으나 먹으면 이가 빠진다.

4) 콩기름

콩으로 기름을 짜면 담하고[193] 음식에 치면 좋다.

5) 면화씨 기름

면화씨 기름도 대단히 좋다고 한다.

안질[194]에 승악안질[195]이 눈 위로 나면 천평[196]이라고 발바닥에 쓰고, 눈 아래에 나면 지평[197]이라고 발바닥에 쓰되 남자는 왼쪽, 여자는 오른쪽에 쓴다.

양잿물 먹은 데는 미나리, 생강, 대추 3가지 중 생강즙을 내어 먹으면 죽지 않는다.

– 부인필지 상권 끝 –

192 신효(神效) : 신기한 효과나 효험이 있음. 또는 그 효과나 효험
193 담하다 : 빛깔이 엷다.
194 안질(眼疾) : 눈병
195 승악안질(昇岳眼疾) : 눈다래끼
196 천평(天平) : 하늘의 평평함
197 지평(地平) : 대지가 평평함

본 부록은 이효지 · 차경희 교수가 쓴 논문으로

1996년 한국식생활문화학회지 11권 3호에 실린 내용이다.

부인필지

부록

《夫人必知》의 조리과학적 고찰

Ⅰ. 서론

한 나라의 음식문화는 오랜 세월을 두고 그 민족이 살고 있는 기후풍토에 맞추어 독특하게 형성되어 왔다. 이는 그 민족의 자연환경 및 사회환경과도 깊은 연관이 있어, 민족 고유의 문화와 맥을 같이한다 하겠다. 우리나라는 오천 년의 유구한 역사 가운데 화려한 궁중음식이나 반가음식 그리고 서민의 토속음식이 조화롭게 발전되어 왔다. 그러나 음식문화에 대한 기록이나 관련 유물에 대한 보전은 극히 제한되어 있고, 단독으로 쓰인 조리서도 그 역사가 길지 않다. 조선시대 실학의 발전과 더불어 음식을 직접 다룬 여성에 의해 쓰인 한글로 된 조리서들의 집필이 활기를 띠게 되는데, 그 대표적인 것이 1815년경의 《규합총서》이다. 이 《규합총서》에서 생활에 긴요한 것을 뽑은 것이 《간본규합총서》이고, 여기에 시대의 변천에 따라 새로운 음식을 더해 1915년경에 《부인필지》가 만들어졌다. 본고는 《부인필지》를 해제하여 조리법을 분류하고 각 음식마다의 재료를 분석하였으며, 이를 《규합총서》·《간본규합총서》와 비교하였다. 또한 식기 및 조리용구, 계량단위, 조리조작법, 맛의 표현 등을 검토함으로써 음식문화의 변천을 연구하는 데 목적을 두었다.

Ⅱ. 부인필지의 내용

1. 음식의 분류와 재료

《부인필지》에 나오는 모든 음식은 주식류, 찬물류, 떡류, 과정류, 음청류, 주류, 양념류, 저장식품 등으로 분류되어 있다.

1) 주식류의 분류와 재료

주식류는 밥, 죽, 국수의 3가지였다. 밥은 팥물밥과 약밥, 2종류에 각각 2종과 9종의 음식 재료가 이용되었는데, 약밥을 만들 때 건시를 넣는 것이 현대의 조리법과 다른 점이었다. 죽은 타락죽과 팥죽, 2종류에 각각 2종과 4종의 재료가 사용되었다. 팥죽을 쑬 때 새알심반죽에 생강즙을 넣어 하는 것이 특이하였다. 국수는 명월관냉면과 국수비빔 2종류에 각각 9종과 14종이 사용되었다. 특히 명월관냉면은 《부인필지》에서 처음으로 소개된 음식으로 무, 배, 유자, 돼지고기, 달걀, 후춧가루, 잣 등 7종의 화려한 고명이 올라갔다. 국수비빔은 쇠고기와 돼지고기를 삶아 고기를 저며 넣을 뿐만 아니라 해삼, 미나리, 배, 생강 등을 볶아 넣고 초간장으로 비며 고명을 얹어 먹는 별식이다. 《규합총서》에는 주식류가 31가지, 《간본규합총서》에는 1가지가 소개되어 있다. 《부인필지》에 기록된 주식류의 종류와 재료는 표 1과 같고, 《규합총서》와 《간본규합총서》에 수록된 주식류와의 비교는 표 2와 같다.

표 1. 《부인필지》에 기록된 주식류의 종류와 재료

음식 종류 (음식 가짓수)	음식명	재 료	재료수
밥 (2)	팥물밥	붉은팥, 멥쌀	2
	약밥	찹쌀(찹쌀가루), 대추, 밤, 꿀, 참기름, 간장, 건시, 대추 삶은 물	8
죽 (2)	타락죽	멥쌀, 우유	2
	팥죽	팥, 대추, 찹쌀가루, 생강즙	4
국수 (2)	명월관냉면	국수, 동치밋국, 무, 배, 유자, 돼지고기, 달걀, 후춧가루, 잣	9
	국수비빔	국수, 숙육(편육), 돼지고기, 해삼, 배, 생강, 표고, 파, 쇠고기, 미나리, 잣, 깨소금, 후춧가루, 초간장	14

표 2. 《규합총서》, 《간본규합총서》, 《부인필지》의 주식류 비교

음식 종류 (음식 가짓수)	음식명	규합총서	간본규합총서	부인필지
밥 (14)	쌀밥	○		
	피밥	○		
	기장밥	○		
	조밥	○		
	보리밥	○		
	오려쌀밥	○		
	신치월화반	○		
	팥물밥	○		○
	오곡밥	○		
	약밥	○	○	○
	메밥	○		
	찰밥	○		

(계속)

음식 종류 (음식 가짓수)	음식명	규합총서	간본규합총서	부인필지
밥 (14)	나후라반	○		
	천락수반	○		
죽 (8)	오려쌀죽	○		
	우유죽(타락죽)	○		○
	팥죽	○		○
	우분죽	○		
	개암죽	○		
	율무의이죽	○		
	호두죽	○		
	동릉죽	○		
의이 (2)	구선왕도의이	○		
	갈분의이	○		
미음(1)	삼합미음	○		
면 (5)	냉면	○		
	명월관냉면			○
	탕장부평면	○		
	훤초면	○		
	국수비빔			○
만두 (3)	생치만두	○		
	어만두	○		
	변씨만두	○		

2) 찬물류의 분류와 재료

찬물류는 탕, 찌개, 신선로, 찜, 선, 구이, 젓갈, 포, 나물, 전, 볶음, 숙회, 순대, 족편, 마른 찬, 김치, 기타로 분류했다.

《부인필지》에서 국물이 있는 음식으로는 탕, 찌개, 신선로가 있었는데, 탕이 4가지, 찌개가 1가지, 신선로가 1가지였다. 찜 3가지, 선 1가지, 구이 2가지, 젓갈 3가지, 포 3가지로, 나물 2가지, 전 2가지, 볶음 1가지, 숙회 1가지, 순대 1가지, 족편 2가지, 마른 찬 5가지, 김치 7가지가 있었다. 《규합총서》에는 찬물류가 74가지, 《간본규합총서》에는 26가지가 소개되어 있었다. 《부인필지》에 기록된 찬물류의 종류와 재료는 표 3과 같고, 《규합총서》와 《간본규합총서》에 수록된 찬물류와의 비교는 표 4-1, 4-2와 같다.

표 3. 《부인필지》에 기록된 찬물류의 종류와 재료

음식 종류 (음식 가짓수)	음식명	재 료	재료수
탕 (4)	완자탕	생선, 돼지고기(또는 쇠고기), 꿩고기(또는 닭고기), 후춧가루, 생강, 기름, 장, 잣, 달걀, 녹말	10
	잉어탕	잉어, 술, 초간장	3
	복어탕	복어, 백반, 기름, 미나리, 간장, 곤쟁이젓	6
	개고기국	개고기, 미나리, 파, 간장, 고추장, 기름, 초, 깨소금, 후춧가루	9
찌개(1)	청국장찌개	청국장, 콩 삶은 물, 쇠고기, 다시마, 고추, 무	6
신선로 (1)	열구자탕	꿩고기, 돼지고기, 쇠고기, 닭고기, 해삼, 전복, 양, 천엽, 부아, 곤자소니, 순무, 미나리, 도라지, 표고, 대하, 생선, 기름, 찹쌀가루, 달걀, 검은 장, 백전병, 면, 후춧가루, 은행, 잣, 대추, 밤, 배, 귤, 파	30
찜 (3)	붕어찜	붕어, 초, 백반, 녹말, 유장, 달걀	6
	게찜	게, 유장, 파, 생강, 후춧가루, 달걀	6
	송이찜	송이, 쇠고기, 돼지고기, 두부, 유장, 달걀, 밀가루, 후춧가루, 잣가루	9
선(1)	동아선	동아, 기름, 겨자, 꿀	4
구이 (3)	생선구이	생선, 칡 가지	2
	생치구이	꿩고기, 백지, 유장	3
	참새구이	참새, 소금	2
젓갈 (3)	청어젓	청어, 소금	2
	게젓	게(검은 장), 쇠고기, 천초, 꿀	4
	연안식해법	조개, 멥쌀, 엿기름가루, 대추, 잣, 기름, 소금	7
포 (3)	편포	쇠고기, 소금, 기름, 후춧가루, 천초, 깨, 잣가루	7
	약포	쇠고기, 생강, 후춧가루, 간장, 기름, 잣가루	6
	전복포	전복, 물	2
나물 (2)	죽순채	죽순, 쇠고기, 꿩고기, 표고, 석이, 고추, 파, 기름, 밀가루	9
	월과채	쇠고기, 돼지고기, 파, 표고, 석이, 호박, 기름, 깨소금	8
전 (2)	전유화	생선, 달걀, 가루	3
	게장부침	게(검은 장, 누른 장), 기름, 달걀, 생선, 꿩고기	5
볶음(1)	떡볶이	숙육(편육), 양깃머리, 쇠고기(등심살), 흰떡, 유장, 파, 표고, 석이, 잣, 소금, 후춧가루	11
숙회 (1)	화채(어채)	숭어, 천엽, 양, 곤자소니, 부아, 꿩고기, 대하, 전복, 해삼, 돼지고기, 외, 미나리, 표고, 석이, 녹말, 파, 국화잎, 생강, 달걀, 무	20
순대(1)	쇠고기순대	쇠창자, 쇠고기, 꿩고기, 돼지고기, 양념	5
족편 (2)	족편	족, 꿩고기, 후춧가루, 잣가루, 달걀	5
	제피수정	돼지 껍질, 물, 후춧가루, 파, 초간장	5
마른 찬 (5)	전복다식	전복	1
	똑똑이좌반	쇠고기(우둔), 간장, 기름, 꿀, 검정깨, 후춧가루, 계핏가루	7
	고추장볶음	고추장, 쇠고기, 꿀, 파, 생강, 잣, 통깨, 기름	8

(계속)

음식 종류 (음식 가짓수)	음식명	재 료	재료수
마른 찬 (5)	다시마부각	다시마, 찹쌀, 기름	3
	메밀전병	메밀가루, 밀가루, 잣가루, 후춧가루, 석이, 기름, 소금	7
김치 (7)	동치미1	무, 배추, 육수, 생선, 쇠고기, 파, 생강, 고추, 청각, 미나리, 마늘	11
	동치미2	무, 소금, 외, 배, 유자, 생강, 파, 고추, 꿀, 석류, 잣	11
	김장후 동지저	무, 소금, 파, 고추, 청각	5
	용인외지법	외, 뜬물, 소금	3
	장짠지	오이, 무, 배추, 간장, 파, 생강, 생복, 마른 전복, 청각, 고추	10
	명월생치채	꿩고기, 동치밋국,	2
	전복침채	전복, 유자 껍질, 배, 소금, 무, 생강, 파	7
기타 (5)		준치 뼈 없이 하는 법(준치, 녹말, 파, 기름장)	4
		복어 독 없애기(복어, 곤쟁이젓)	2
		조기 끓일 때 주의점(조기)	1
		쇠고기 삶는 법(쇠고기, 닥나무 열매)	2
		닭 무르게 삶는 법(닭고기, 앵두 나뭇가지, 굴뚝 밑 기와)	3

표 4-1. 《규합총서》, 《간본규합총서》, 《부인필지》의 찬물류 비교

음식 종류 (음식 가짓수)	음식명	규합총서	간본규합총서	부인필지
탕 (8)	완자탕	○		○
	잉어탕	○		○
	쇠꼬리곰탕	○		
	북어국	○		
	향취순갱	○		
	춘향범탕	○		
	복생선탕			○
	개고기국			○
찜 (16)	붕어찜	○	○	○
	자라찜	○		
	게찜	○	○	○
	쇠곱창찜	○	○	
	개찜	○		
	동아 속에 하는 개찜	○		
	찐 돼지고기	○		
	돼지새끼집찜(猪子岱蒸)	○		

(계속)

음식 종류 (음식 가짓수)	음식명	규합총서	간본규합총서	부인필지
찜 (16)	돼지새끼집찜(豝猪)	○		
	봉총찜	○		
	메추라기찜	○		
	연계찜	○		
	승기악탕(닭찜)	○		
	칠향계	○		
	송이찜	○		○
	잣나무새찜	○		
선(1)	동과선	○		○
신선로(1)	열구자탕	○		○
전유어 (2)	전유어	○		○
	게장부침			○
포 (5)	편포	○		○
	약포	○		○
	잉어포	○		
	전복포			○
	치육포		○	
구이 (6)	붕어구이	○	○	
	게구이	○		
	돼지고기구이	○		
	꿩구이	○		○
	메추라기구이	○		
	참새구이	○		○
젓갈 (5)	비웃젓(청어젓)	○		○
	교침해	○		
	게젓	○	○	○
	오징어젓	○		
	연안식해	○		○
나물 (4)	죽순나물	○		○
	호박나물	○		○
	서강요	○		
	한궁기	○		
족편 (2)	족편	○		○
	제피수정	○		○

표 4-2. 《규합총서》, 《간본규합총서》, 《부인필지》의 찬물류 비교

음식 종류 (음식 가짓수)	음식명	규합총서	간본규합총서	부인필지
회 (5)	금제옥회	○		
	비란회	○		
	웅어회	○		
	양고기간회	○		
	어채	○	○	○
적 (9)	설하멱적	○	○	
	통화연우적	○		
	홍양지장	○		
	싱검초적	○		
	생치적	○		
	안심산적	○		
	용수적	○		
	광명하적	○		
	승평적	○		
볶음(1)	떡볶기			○
순대(1)	순대			○
마른 찬 (6)	진주좌반	○		
	임자좌반	○		
	다시마좌반	○		○
	섥좌반	○		○
	고추장볶음	○		○
	똑똑이좌반			○
김치 (12)	섞박지	○	○	
	어육김치	○		○
	동과섞박지	○	○	
	동치미	○	○	○
	생치김치	○		
	동가김치	○		
	동지	○		○
	용인외지	○		○
	산갓김치	○		
	장짠지	○		○
	전복김치	○		○
	명월생치채			○

잉어탕을 만들 때《부인필지》에서는 술을 붓고 초장즙을 부어 끓이라고 하였다. 신선로는 열구자탕으로 기록되어 있으며, 은행, 대추, 밤, 배, 귤 등을 사용한 것이 특이하였다.

꿩구이에 쓰이는 꿩고기는 8월～2월까지 먹는데, 목에 걸리면 약이 없다고 경고하고 있다. 연안식해는《규합총서》와《부인필지》에 기록되어 있는데,《규합총서》에서는 대합을 속뜨물에 씻고, 항아리에 담글 때 기름과 소금을 넣는 반면《부인필지》에서는 소금만을 넣었다.

꿩고기를 삶아 내어 살을 찢고 동치미 국물을 부어 먹는 명월생치채는《규합총서》에서의 생치채와 유사하다. 어육김치는《규합총서》와《부인필지》에 기록하고 있는데《규합총서》에서는 사용되는 재료생선의 이름을 대구, 북어, 민어, 조기로 밝혔고,《부인필지》에서는 생선 말린 것이라고만 하였다. 용인외지는《규합총서》와《부인필지》에서 볼 수 있는데《규합총서》에서는 항아리에 넣은 오이를 매일 아래위를 바꾸라고 하였다. 장짠지는《규합총서》와《부인필지》에 동일하게 쓰여 있는데《규합총서》에 송이나 전복이 없으면 건합을 넣어도 좋다고 기록되어 있다. 전복김치도《규합총서》와《부인필지》에 동일하게 기록되어 있고,《부인필지》에서는 파를 더 쓰고 있었다.

탕, 선, 신선로, 전유어, 나물, 족편, 회, 마른 찬은《규합총서》와《부인필지》에 기록이 되어 있는데, 고깃국과 복생선탕이《부인필지》에 새롭게 기록되어 있다. 호박나물은 돼지고기와 쇠고기를 모두 다져 사용하였고, 양념으로 파, 석이, 표고와 소금을 사용하였다. 고추장 볶음은 잣과 볶은 통깨를 넣었고, 떡볶이와 순대는《규합총서》에는 없고,《부인필지》에만 기록되어 있었다.

3) 떡류의 분류와 재료

떡은 찐 떡이 10가지, 친 떡이 4가지 그리고 지진 떡이 4가지로 기록되어 있었으나, 삶은 떡은 소개되어 있지 않았다.《부인필지》에 기록된 떡류의 종류와 재료는 표 5와 같고,《규합총서》와《간본규합총서》에 수록된 떡류와의 비교는 표 6과 같다.

복령조화고는《부인필지》에서는 백복령가루에 쌀가루만을 넣어 찌고 계피와 잣가루를 웃기로 올렸다. 상화는《부인필지》에는 밀기울죽에 가루누룩을 섞어 하루를 재울 때 탁주를 넣는 것이 특징이었다. 송편은《부인필지》에서는 후춧가루, 호두와 잣가루를 더 넣었다. 감자병은《규합총서》에서는 남방감저병이라 하여 고구마 찰가루를 섞었으나,《부인필지》에서는 감자(柑子)에 쌀가루를 섞어 다른 떡이었다. 잡과편은 찰가루로 골무떡을 만들고 황률, 계피, 호두를 넣었다. 증편에서는 웃기로 석이를 더 사용하였다. 토란병은 삶은 토란을 거피하여 찹쌀가루를 섞어 떡을 만들어 참기름에 지졌다.

표 5. 《부인필지》에 기록된 떡류의 종류와 재료

음식 종류 (음식 가짓수)	음식명	재 료	재료수
찐 떡 (10)	도행병	복숭아, 살구, 멥쌀가루, 설탕물, 대추, 잣, 호두, 계피	8
	두텁떡	찹쌀가루, 팥, 대추, 건시	4
	복령병	백복령가루, 멥쌀가루, 설탕물, 계핏가루, 잣가루	5
	석탄병	감, 멥쌀가루, 계피, 대추, 황률, 잣가루, 밤	7
	송편	멥쌀가루, 팥, 계피, 건강가루, 호두, 잣가루, 참기름, 솔잎	8
	잡과편	대추, 건시, 밤, 찹쌀가루, 황률, 계핏가루, 호두, 잣가루, 꿀	9
	감자병	감자, 멥쌀가루	2
	나복병	무, 소금물, 멥쌀가루	3
	증편	멥쌀가루, 탁주, 참기름, 대추, 건시, 석이, 잣, 기름	8
	상화	밀기울죽, 탁주, 누룩가루, 밀가루, 꿀팥소, 소금	6
친 떡 (4)	유자단자	유자 껍질, 건시, 찹쌀가루, 당귀가루, 설탕물, 황률, 꿀, 후춧가루, 계핏가루	9
	도행단자	복숭아 · 살구(기록에는 없음), 찹쌀가루, 꿀, 팥소, 잣가루	6
	신검초단자	신검초잎가루, 찹쌀가루, 거피팥고물	3
	대추인절미	찹쌀, 대추	2
지진 떡 (4)	토란병	토란, 찹쌀가루, 참기름	3
	화전	찹쌀가루, 소금, 기름, 두견, 장미, 국화	6
	밤주악	황률가루, 꿀, 계피, 건강가루, 잣가루	5
	대추주악	대추 · 꿀 · 계피 · 건강가루 · 잣가루(기록에는 없음)	5

표 6. 《규합총서》, 《간본규합총서》, 《부인필지》의 떡류 비교

음식 종류 (음식 가짓수)	음식명	규합총서	간본규합총서	부인필지
찐 떡 (22)	천금대향병	○		
	복령조화고	○		○
	백설고	○		
	송기떡	○		
	상화	○		○
	무떡	○		○
	빙자떡	○	○	
	석탄병	○	○	○
	도행병	○		○
	신과병	○	○	

(계속)

음식 종류 (음식 가짓수)	음식명	규합총서	간본규합총서	부인필지
찐 떡 (22)	혼돈병	○	○	
	송편	○	○	○
	남방감저병	○		
	감자병			○
	잡과편	○	○	○
	증편	○	○	○
	석이병	○	○	
	두텁떡	○		○
	기단가오	○		
	우란병담	○		
	중양절떡	○		
	구선왕도고병	○		
친 떡 (7)	유자단자	○		○
	신검초단자	○		○
	인절미	○		
	복숭아단자			○
	살구단자			○
	건시단자	○	○	
	대추인절미			○
지진 떡 (8)	권전병	○		
	송풍병	○		
	견풍욕	○		
	토란병	○	○	○
	서여향병	○		
	대추주악	○		○
	밤주악	○		○
	화전	○		○

4) 과정류의 분류와 재료

과정류는 유밀과가 1가지, 다식류가 3가지, 정과류가 3가지, 과편류가 5가지 그리고 엿이 2가지의 재료가 소개되어 있었다. 《규합총서》에는 38가지, 《간본규합총서》에는 9가지가 소개되어 있다. 《부인필지》에 기록된 과정류의 종류와 재료는 표 7과 같고, 《규합총서》와 《간본규합총서》에 수록된 과정류와의 비교는 표 8과 같다.

표 7. 《부인필지》에 기록된 과정류의 종류와 재료

음식 종류 (음식 가짓수)	음식명	재 료	재료수
유밀과(1)	유밀과	밀가루, 꿀, 기름, 소주, 계핏가루, 건강가루, 잣가루	7
다식 (3)	용안육다식	용안육가루, 설탕물	2
	흑임다식	흑임자가루, 설탕	2
	녹말다식	오미잣국, 연지, 녹말, 계핏가루, 건강가루, 설탕물, 꿀	7
정과 (3)	쪽정과	산사, 꿀	2
	생강정과	생강, 꿀물	2
	연근정과	연근, 꿀물	2
과편 (5)	앵두편	앵두, 녹말	2
	복분자편	복분자, 녹말	2
	모과편	모과, 녹말	2
	살구편	살구, 녹말	2
	벗편	버찌, 녹말	2
엿(2)	광주백당법	쌀, 엿기름, 깨, 후춧가루	4
	흑당	쌀, 엿기름, 깨, 후춧가루	4

표 8. 《규합총서》, 《간본규합총서》, 《부인필지》의 과정류 비교

음식 종류 (음식 가짓수)	음식명	규합총서	간본규합총서	부인필지
유밀과 (3)	약과	○		○
	계강과	○	○	
	중계	○		
유과 (9)	강정	○	○	
	매화산자	○	○	
	밥풀산자	○	○	
	묘화산자	○	○	
	모밀산자	○		
	감사과	○		
	연사	○		
	연사라교	○		
	빙사과		○	
다식 (4)	황률다식	○		
	용안다식	○		○

(계속)

음식 종류 (음식 가짓수)	음식명	규합총서	간본규합총서	부인필지
다식 (4)	흑임자다식	○		○
	녹말다식	○		○
정과 (13)	산사쪽정과	○		○
	모과정과	○		
	모과쪽정과	○		
	유자정과	○		
	감자정과	○		○
	연근정과	○		
	익힌동과정과	○		
	선동과정과	○		
	천문동정과	○		○
	생강정과	○		
	왜감자정과	○		
	유리류정과	○		
	순정과	○		
과편 (6)	산사편	○		○
	앵두편	○	○	○
	복분자딸기편	○		○
	모과편	○		○
	살구편	○		○
	벗편	○		
숙실과(1)	생강과	○		○
당(3)	엿(백당)	○	○	○
	흑당			
	조청	○		

5) 음청류의 분류와 재료

음청류는 차류가 4가지, 밀수가 2가지, 수정과가 1가지, 화채가 1가지로 기록되어 있었다. 《규합총서》에는 19가지, 《간본규합총서》에는 2가지가 소개되어 있다. 《부인필지》에 기록된 음청류의 종류와 재료는 표 9와 같고, 《규합총서》와 《간본규합총서》에 수록된 음청류와의 비교는 표 10과 같다.

표 9. 《부인필지》에 기록된 음청류의 종류와 재료

음식 종류 (음식 가짓수)	음식명	재 료	재료수
차 (4)	오매차	오매육가루, 꿀, 물	3
	국화차	감국화, 꿀, 물	3
	매화차	매화, 물	2
	포도차	포도, 문배, 생강, 꿀, 물	5
밀수(2)	향설고	문배, 후춧가루, 꿀, 생강, 오미잣국	5
	원소병	찹쌀가루, 설탕물, 대추	3
수정과(1)	수정과	꿀물, 생강, 계피, 잣	4
화채(1)	화채국	오미잣물, 꿀, 녹말, 배, 잣	5

표 10. 《규합총서》, 《간본규합총서》, 《부인필지》의 음청류 비교

음식 종류 (음식 가짓수)	음식명	규합총서	간본규합총서	부인필지
차(9)	유자청	○		
	옥선고	○		
	만감후	○		
	냉면초	○		
	고구사	○		
	매화차	○		○
	포도차	○		○
	매실차	○		○
	국화차	○		○
화채(1)	화채	○		○
밀수(4)	원소병	○		○
	향설고	○	○	○
	화면	○		
	난면	○		
식혜(1)	식혜		○	
수정과(1)	수정과			○
탕(3)	제호탕	○		
	수박탕	○		
	계지탕	○		
장(2)	계장	○		
	귀계장	○		

6) 주류의 종류와 재료

술은 양조주 중 순곡주에 6가지, 혼양곡주에 약용곡주가 1가지, 가향곡주가 11가지, 혼성주가 1가지로 모두 13가지의 술이 기록되어 있었다. 증류주로 순곡증류주에 소주 고는 법이 1종류 소개되어 있다. 《규합총서》에는 56가지, 《간본규합총서》에는 7가지가 소개되어 있었다. 《부인필지》에 기록된 술의 종류와 재료는 표 11과 같고, 《규합총서》와 《간본규합총서》에 수록된 주류와의 비교는 표 12와 같다.

표 11. 《부인필지》에 기록된 주류의 종류와 재료

음식 종류 (음식 가짓수)		음식명	재 료	재료수
순곡주 (5)		와송주	멥쌀, 누룩가루, 물, 소나무	4
		소국주	멥쌀, 누룩가루, 물, 동도지	4
		감향주	찹쌀, 누룩가루, 물	3
		일일주	찹쌀, 누룩가루	2
		삼일주	멥쌀, 누룩가루, 정화수	3
혼양곡주 (13)	약용곡주	구기주	청주, 구기나무뿌리, 구기나무꽃, 구기나무열매	4
	가향곡주	연엽주1	멥쌀, 누룩가루, 물, 연잎	4
		연엽주2	멥쌀, 누룩가루, 물, 연잎	4
		두견주	멥쌀, 찹쌀, 밀가루, 누룩가루, 물, 두견화	6
		도화주	멥쌀, 찹쌀, 밀가루, 누룩가루, 물, 복숭아꽃, 복숭아 나뭇가지	7
		국화주	멥쌀, 누룩가루, 물, 황국	4
		매화주	멥쌀, 누룩가루, 물, 매화	4
		귤주	멥쌀, 누룩가루, 물, 귤 껍질	4
		송절주	멥쌀, 찹쌀, 밀가루, 녹말, 물, 송절매즙	6
		황국송절주	멥쌀, 찹쌀, 밀가루, 녹말, 물, 송절매즙, 황국	7
		두견송절주	멥쌀, 찹쌀, 밀가루, 녹말, 물, 송절매즙, 두견화	7
		유자송절주	멥쌀, 찹쌀, 밀가루, 녹말, 물, 송절매즙, 유자 껍질	7
	혼성주	과하주	멥쌀, 찹쌀, 누룩가루, 소주	4
순곡증류수(1)		소주	멥쌀 · 누룩가루 · 물(재료나 빚는 법은 없음)	3

표 12. 《규합총서》, 《간본규합총서》, 《부인필지》의 주류 비교

음식 종류 (음식 가짓수)	음식명	규합총서	간본규합총서	부인필지
술 (67)	청진해	○		
	수타락	○		
	반야탕	○		
	포도주	○		
	이제환소주	○		
	천일주	○		
	일년주		○	
	소주법	○	○	○
	약주		○	
	화향입주법		○	
	선상주	○		
	정향주	○		
	준순주	○		
	미인주	○		
	초장주	○		
	오가피주	○		
	의춘주	○		
	금장료	○		
	신풍주	○		
	진주홍	○		
	추로백	○		
	상락주	○		
	금반로	○		
	쇄옥	○		
	비통주	○		
	예록춘	○		
	의인주	○		
	국미주	○		
	사가홍	○		
	마고주	○		
	청전주	○		
	동정춘색	○		
	빈랑주	○		

(계속)

음식 종류 (음식 가짓수)	음식명	규합총서	간본규합총서	부인필지
술 (67)	옥정추향	○		
	나부춘	○		
	송로	○		
	여지록	○		
	월파	○		
	백미지주	○		
	농취도	○		
	옥유	○		
	옥로춘	○		
	옥부량	○		
	구기자술	○		○
	복사꽃술	○		○
	연잎술	○	○	○
	진달래술	○	○	○
	소국주	○		○
	과하주	○	○	○
	백화주	○		
	감향주	○		○
	송절주	○		○
	황국송절주			○
	두견송절주			○
	유자송절주			○
	송순주	○		
	한산춘	○		
	삼일주	○		○
	일일주	○		○
	방문주	○		
	국화주			○
	와송주			○
	녹파주	○		
	어아주	○		
	오종주방문	○		
	매화주			○
	귤주			○

7) 양념류의 종류와 재료

양념은 어육장, 청태장법, 급히 장 만드는 법, 고추장법, 즙장법, 청국장 등의 장이 7가지, 초 만드는 법이 1가지 소개되었다.

그 밖에 장의 중요성과 장 담그는 길일, 장 담그는 비법, 장 간수법 등이 소개되고 초의 중요성과 만드는 법이 소개되었다. 제유수취법으로 참기름, 들기름, 수박씨기름, 봉선화씨기름, 콩기름, 면화씨기름 짜는 법과 용도가 소개되었다. 《규합총서》에는 20가지, 《간본규합총서》에는 6가지가 소개되어 있었다. 《부인필지》에 기록된 양념류의 종류와 재료는 표 13과 같고, 《규합총서》와 《간본규합총서》에 수록된 양념류와의 비교는 표 14와 같다.

표 13. 《부인필지》에 기록된 양념류의 종류와 재료

음식 종류 (음식 가짓수)	음식명	재 료	재료수
장(醬) (7)	간장	물, 소금, 메주, 꿀, 쇠고기(우둔), 전복, 대추, 우박	8
	어육장	쇠고기(우둔), 꿩고기, 닭고기, 도미(민어), 생복, 홍합, 물, 메주, 소금	9
	청태장법	청태콩, 소금	2
	급히 장 만드는 법	소금, 밀가루, 묵은 된장, 물	4
	고추장법	메주, 멥쌀, 소금, 고춧가루, 찰밥	5
	즙장법	밀기울, 콩, 속뜨물, 콩잎, 간장, 외, 가지, 물, 꿀	9
	청국장	콩	1
초(醋) (1)	초	정화수, 누룩가루, 찹쌀, 복숭아 나뭇가지, 백설기 찐 종이, 술밥, 도라지, 초, 배, 감, 창포뿌리, 대추	12
기름 (6)	참기름	참깨	1
	들기름	들깨	1
	수박씨기름	수박씨	1
	봉선화씨기름	봉선화씨	1
	콩기름	콩	1
	면화씨기름	면화씨	1

표 14. 《규합총서》, 《간본규합총서》, 《부인필지》의 양념류 비교

음식 종류 (음식 가짓수)	음식명	규합총서	간본규합총서	부인필지
장 (13)	청장(간장)	○		○
	어육장	○		○
	죽순장	○		
	청태장	○		○
	급히 만든 청장	○	○	○
	고추장	○	○	○
	청육장	○		
	즙지이	○		
	즙장	○	○	○
	천일장	○		
	두부장		○	
	집메주장		○	
	청국장			○
초(1)	초	○	○	○
기름 (11)	참기름	○		○
	들기름	○		○
	수박씨기름	○		○
	차조기기름	○		
	깨기름	○		
	순무씨기름	○		
	아주까리기름	○		
	수유기름	○		
	봉선화씨기름			○
	콩기름			○
	면화씨기름	○		○

8) 저장식품의 종류와 재료

저장식품은 과일 13종과 채소 12종의 저장방법이 소개되었다. 또 여러 과일의 독을 설명하고 해독하는 방법까지도 소개하였다. 《규합총서》에는 과일 12가지와 채소 17가지의 저장법이 나와 있으나, 《간본규합총서》에는 과채수장법에 대한 기록이 없다. 《부인필지》에 기록된 저장과일과 채소의 종류에 따라, 저장하는 데 필요한 재료는 표 15와 같고, 《규합총서》와 《간본규합총서》에 수록된 저장식품의 비교는 표 16과 같다.

표 15. 《부인필지》에 기록된 저장식품의 종류와 재료

식품 종류 (식품 가짓수)	식품명	재 료	재료수
과일 (12)	생률	생률, 항아리, 모래, 낙엽, 황토	5
	임금	임금, 물, 독	3
	배	배, 무, 배잎	3
	홍시	홍시, 얼음	2
	생감	생감, 냉수, 소금	3
	포도	포도, 꿀, 납설수	3
	석류	석류, 짚항아리, 종이	3
	귤	귤, 감자, 무	3
	복숭아	복숭아, 보리죽, 오지항아리	3
	수박	수박	1
	참외	참외, 납설수, 구리동독	3
	마른 실과	실과, 이슬	2
채소 (12)	순무, 무	순무, 무, 모든 나물	3
	동아, 호박	동아, 호박, 더운 방	3
	외, 가지	외, 가지, 잿물	3
	송이	송이, 진흙 물	3
	두릅	두릅, 가지	2
	배추뿌리	배추뿌리, 말똥	2
	고사리	고사리, 마른 재	2
	소루쟁이	소루쟁이, 흙	2
	움파	움파, 움파굴	2

표 16. 《규합총서》, 《간본규합총서》, 《부인필지》의 저장식품 비교

식품 종류	음식명	규합총서	간본규합총서	부인필지
과일 (13)	밤	○		○
	사과	○		○
	배	○		○
	홍시	○		○
	생감	○		○
	포도	○		○
	석류	○		○
	귤	○		○
	금귤	○		
	수박	○		○
	복숭아	○		○
	참외	○		○
	마른실과			○
채소 (17)	순무, 무	○		○
	동과	○		○
	호박	○		○
	외	○		○
	가지	○		○
	송이	○		○
	두릅	○		○
	배추뿌리	○		○
	고사리	○		○
	소루쟁이	○		○
	움파			
	감자	○		
	승검초	○		
	죽순	○		
	마늘	○		
	고추	○		

2. 식기 및 조리용구

식기 및 조리용구는 34종류나 되며 그중 항아리를 사용한 경우가 27회로 가장 많았다. 《부인필지》에 기록된 조리용구의 종류와 사용빈도는 표 17과 같다.

표 17. 《부인필지》에 기록된 식기 및 조리용구의 종류와 빈도

구 분	식기 및 조리용구의 종류	빈 도
1	항아리(백항아리, 사기항아리)	27
2	체(굵은 체, 고은 체)	18
3	독	13
4	칼(대칼), 솥(곱돌솥)	8
5	시루	5
6	소라기(소라), 그릇	4
7	유지(백지)	3
8	숟가락, 맷돌, 노구, 절구, 새옹, 섬, 베수건(베자루), 보자기	2
9	오지병, 오장이, 탕관, 도마, 겅그레, 냄비, 풀젓개, 막대, 화로, 발, 번철, 뚜껑, 접시, 홍두깨	1

3. 계량단위

계량단위는 16종류이고 그중 말을 사용한 경우가 40회, 되가 34회, 홉이 10회의 순으로 말, 되, 홉이 계량단위의 기본이었음을 알 수 있었다. 또한 줌, 사발, 개, 동이, 마리, 박, 그릇, 종지, 보, 주발, 탕기, 술, 쪽 등 주로 그릇의 들이를 기준으로 계량하였음을 알 수 있고, 1근이 1회로 무게를 기준으로 계량하기도 하였다.

길이의 표시는 '한자길이', '한치씩' 등 자와 치로 표시하였고, 크기로는 '호두만치', '밤알만치', '경단만치', '수단같이' 등으로 가늠하도록 하였다. 《부인필지》에 기록된 계량에 쓰인 단위와 횟수는 표 18과 같다.

4. 음식 만드는 과정

음식 만드는 과정은 조리준비과정, 써는 과정, 익히는 과정으로 분류하였다.

1) 조리준비과정의 용어

준비하는 과정의 용어는 175가지나 되었다. 그중 넣다가 157회, 섞다가 38회, 덮는다가 32회, 씻는다와 놓는다가 31회, 그리고 붓는다가 26회로 많았다. 《부인필지》에 기록된 조리준비과정의 용어는 표 19와 같다.

표 18. 《부인필지》에 기록된 계량단위와 사용횟수

구 분	계량단위	사용횟수	사용량(횟수)
1	말	40	1말(25), 2말(6), 2말 5되(4), 3말(3), 6말(2)
2	되	34	1되(10), 1되가웃(1), 1되 3홉(1), 2되(7), 3되(4), 4되(1), 5되(8), 7되(1), 8되(1)
3	홉	10	1홉(1), 3되 5홉(1), 5홉(1), 7홉(6), 8홉(1)
4	사발	7	1사발(3), 3사발(2), 4사발(1), 6사발(1)
5	개	5	두어 개(1), 서넛(1), 10개(1), 수십 개(1), 40~50개(1)
6	동이	4	1동이(3), 두어 동이(1)
7	줌(줌치)	3	1줌, 줌치
8	마리	2	10마리(2)
9	보	2	1보(2)
10	근, 그릇, 종지, 주발, 탕기, 술, 쪽	1	1근(1), 10그릇(1), 1종지(1), 1주발(1), 1탕기(1), 두어 술(1), 두어 쪽(1)

표 19. 《부인필지》에 기록된 조리준비과정의 용어와 빈도

구 분	조리준비과정 용어	빈 도
1	넣다	157
2	섞는다	38
3	덮는다	32
4	씻는다, 놓는다	31
5	붓는다	26
6	만들다(어만두 소처럼, 떡, 골무떡, 구멍떡, 완자, 흰무리떡)	24
7	타다(꿀, 연지, 물)	23
8	식히다, 반죽하다, 치다(기름, 꿀, 물), 펴다(얇게, 고루)	20
9	봉하다	17
10	담그다	16
11	작말하다	15
12	버무리다, 합하다	12
13	바르다	10
14	채치다, 묻는다	8
15	담는다, 젖는다(풀어지게)	7
16	빚는다	6

(계속)

구 분	조리준비과정 용어	빈 도
17	싸다, 띄우다, 내다, 물주다, 갈다(물), 세말하다, 양념하다, 찧는다, 절이다, 체에 치다, 풀다(가루, 달걀), 화합하다	5
18	무치다, 싸다, 거르다, 껍질 벗기다, 달다, 씌우다, 이슬 맞히다, 앉히다(시루), 짜다, 체에 밭치다, 피우다(숯불), 헤치다	4
19	걷다(기름), 굴리다, 긁어내다, 내장 없이하다, 딸다, 물기 없이 하다, 묻히다, 비비다, 쏘이다(안개), 심는다(가지를), 엎는다, 주무르다, 캐다, 켜켜 넣다	3
20	말리다, 박는다(판), 기름 없이 하다, 거피하다, 격지놓다, 걸다, 갈라 앉히다, 긁는다(누른 장, 검은 장), 건지다, 두어 넣다, 누르다, 되다, 뜯는다, 떼다, 뜨다, 매다(실로), 막는다(틈), 물들이다, 받는다(그릇에), 벗기다, 버리다, 심줄 없이 하다, 씨 발리다, 앉히다(떡), 울이다(항아리), 얼리다, 적시다(물), 짜다(기름), 켜켜 놓다, 타다(멧돌에), 퇴렴하다, 파다(구멍), 비늘 긁다, 차게 하다	2
21	개다(범벅), 격지넣다, 깔다, 까부르다, 까다, 괴다, 거두다(혈맥을), 껍질과 뼈 없이 하다, 고르다, 깨트리다, 굳히다, 고명하다, 꺽다, 뇌이다, 늘이다, 담그다(젓), 대여보다, 도청하다, 떠내다, 다듬다, 동이다(실로), 뒤집다, 들다(손으로), 두다, 틈 없이 하다, 뒤적이다, 더하다, (메주)쑤다, 뭉치다, 말다, 맛보다, 밀다, 볕에 발하다, 뼈 없이 짓다, 부시다(그릇), 발리다, 볕에 바래다, 바꾸다, 뼈를 뽑는다, 빨다, 밭치다, 불리다, 쓸다, 세우다, 씨 없이 하다, 씨 빼다, 상반하다, 싸매다, 음건하다, 용출하다, 이기다, 이슬유치다, 찌드리다, 즙내다, 조화하다, 쪼이다, 재우다, 젓치다, 지지다(인두로), 잠그다, 깨다(손톱으로), 채우다, 축이다, 챙기다, 체에뇌이다, 켜켜 뿌리다, 티 한점 없이하다, 틀다, 타래엮다, 퍼붓다, 피를 돗게하다, 펴놓다, 퍼내다, 푸다, 훔쳐내다, 함담 맞추다, 데쳐 붓다, 불키다	1

2) 써는 과정

써는 과정의 용어는 14가지이고 그중 썰다가 24회로 가장 많았다. 《부인필지》에 기록된 써는 용어는 표 20과 같다.

표 20. 《부인필지》에 기록된 써는 과정 용어와 빈도

구 분	써는 용어	빈 도
1	썰다(귀나게)	24
2	다지다(난도하다)	15
3	따다	8
4	쪼개다	7
5	자르다(베다)	7
6	토막지다	3
7	등을 타다, 꼭지 없이 하다	2
8	분등하다, 에이다, 찢는다, 째다	1

3) 익히는 과정

익히는 과정의 용어는 18가지이고, 그중 찌다와 끓이다가 29회로 가장 많았고, 삶는다가 24회, 익히다가 16회로 많았다. 《부인필지》에 기록된 용어와 빈도는 표 21과 같다.

표 21. 《부인필지》에 기록된 익히는 과정 용어와 빈도

구 분	가열 용어	빈 도
1	찌다, 끓이다	29
2	삶는다	24
3	익히다	16
4	볶다	15
5	지지다	12
6	고으다, 달이다	7
7	쑤다, 굽다	6
8	졸이다	4
9	밥짓다, 부치다	3
10	튀하다, 중탕하다, 달구다	2
11	데치다, 더운 김이 나지 않게 하다	1

5. 맛의 표현

맛의 표현 용어는 16가지이다. 맛이 좋다는 표현은 맛이 비상하게 좋다, 맛이 담하고 좋다, 맛이 희안하다, 맛이 달다, 맛이 기이하다, 맛이 훌륭하다, 맛이 절미하다, 맛이 감열하다, 맛이 아름답다 등으로 다양하였다. 《부인필지》에 기록된 맛의 표현용어와 빈도는 표 22와 같다.

표 22. 《부인필지》에 기록된 맛의 표현과 빈도

구 분	맛의 표현	빈 도
1	맛이 좋다(비상히)	8
2	향취가득하다, 향취기이하다, 절미하다, 향미가 의구하다, 청냉담소하다, 감열하다, 청향만구하다, 달콤쌉쌀하다, 군내가 나다, 맛이 변하다, 빛이 좋지 못하다, 빛이 좋다, 맛이 떫다, 향기가 가득하여 신기하다, 맛이 아름답다	1

Ⅲ. 요약 및 결론

《부인필지》의 상권 음식에 대한 내용을 조리법별로 분류하고, 그 음식에 사용된 재료를 분석하고, 식기 및 조리용구, 계량단위, 조리조작, 맛의 표현 등을 살펴본 결과는 다음과 같다.

주식류는 밥, 죽, 면 등 6가지에 30종의 재료가 사용되었다. 찬물류는 탕, 찌개, 신선로, 찜, 선, 구이, 젓갈, 포, 나물, 전, 볶음, 숙회, 순대, 족편, 마른 찬, 김치, 기타로 분류하였는데, 모두 45가지였다. 그중 김치가 7종류로 가장 많았다.

총 18가지의 떡이 기록되어 있었는데, 떡을 만드는 방법으로는 찐 떡, 친 떡, 지진 떡의 형태였고, 과정류는 유밀과, 다식류, 정과류, 과편류, 당 등 모두 14가지가 기록되어 있었다.

술은 순곡주, 혼양곡주, 증류주 등 19가지가 기록되어 있었고, 쉰 술의 맛을 살리는 법과 술 깨는 법이 기록되어 있다. 양념은 장이 7가지로 32종류의 재료가 이용되었고, 장 담그는 길일, 비법 등이 기록되었고, 초의 중요성과 만드는 법이 1종류가 소개되었으며, 6종류의 기름 짜는 법과 용도가 소개되었다. 저장식품은 과일과 채소를 오래도록 저장하는 방법과 여러 과일의 독을 설명하고 해독하는 방법까지도 소개하였다.

식기 및 조리용구는 34종류나 되었으며, 계량단위는 16종류였고 말, 되, 홉이 계량단위의 기본이었음을 알 수 있었고, 그 외 줌, 사발, 개, 동이, 마리, 박, 그릇, 종지, 보, 주발, 탕기, 술, 쪽 등 주로 부피 단위의 계량이 이루어지고 있었다. 조리과정은 조리준비과정, 써는 과정, 익히는 과정에 대한 용어로 분류할 수 있었고, 다양한 맛의 표현이 있었다.

이와 같이 《규합총서》, 《간본규합총서》, 《부인필지》를 비교해 본 결과, 《규합총서》는 그 기록이 상세한 반면 《간본규합총서》나 《부인필지》는 간략하게 기술되어 있었다. 아쉬운 점은 계량단위나 조리용어의 표준화와 과학화가 부족하여 조리의 진행정도를 가늠하기 힘든 표기가 많았다. 그러므로 선대의 식문화 기록을 거울삼아 한국음식의 발전을 위해 조리의 표준화가 이루어져야 하겠다.

참고문헌

1. 빙허각 이씨(1915). 부인필지.
2. 빙허각 이씨(1815). 규합총서. 정양완(1975) 역주. 보진재.
3. 이경선(1974). 간본규합총서. 신구문화사.
4. 이효지(1980). 「閨閤叢書 · 酒食議」의 조리과학적 고찰. 한양대 사대 논문집 1:85.
5. 이효지 · 차경희(1996). 빙허각 이씨 부인필지 번역본. 한국생활과학연구(한양대) 제14집, 157~175.
6. 이효지 · 차경희(1996). 「夫人必知」의 조리과학적 고찰. 한국식생활문화학회지 11(3) : 369~384.

찾아보기

ㅁ

ㅂ

ㅅ

ㅇ

ㅈ

저자 소개

원저자 빙허각 이씨(憑虛閣 李氏)

빙허각 이씨는 본(本)이 전주로 판돈령부사(判敦寧府事)를 지낸 문헌공(文獻公) 이창수(李昌壽)의 딸이며, 그의 어머니는 《언문지(言文志)》의 저자인 유희(柳僖)의 고모이다. 영조 35년(1759)에 서울에서 출생하여 순조 24년(1824)에 사망하였다. 어려서부터 총명함이 남달랐으며, 15세에 이미 글쓰기와 한문에 능하였다고 한다. 조선 최고의 실학자 집안인 서유본(徐有本)에게 출가하여 그 학문의 폭을 더욱 넓혔는데, 조선 최고의 석학인 시동생 서유구(徐有榘)가 어렸을 때 글을 가르치기도 했다고 한다. 우리나라의 음식문화사 연구에 있어 서유구의 집안을 빼놓고 이야기할 수 없다. 며느리 빙허각 이씨는 《규합총서(閨閤叢書)》를, 그의 시아버지 서호수(徐浩修)는 《해동농서(海東農書)》, 시조부 서명응(徐命膺)은 《고사신서(攷事新書)》, 시동생 서유구는 《행포지(杏蒲志)》, 《옹희잡지(饔饎雜志)》, 《금화경독기(金華耕讀記)》, 《종저보(種藷譜)》, 《임원십육지(林園十六志)》 등을 남겨 우리나라 음식문화 연구의 뼈대를 갖추는 데 공헌하였다.

편역자

이효지 한양대학교 명예교수, 문화재전문위원

한복려 궁중음식연구원장, 조선왕조 궁중음식 제38호 기능보유자

정길자 궁중병과연구원장, 조선왕조 궁중음식 제38호 기능보유자

조신호 부천대학 교수

정낙원 배화여자대학 교수

김현숙 월정한국음식연구소장

최영진 관동대학교 교수

김은미 김포대학 교수

원선임 한양여자대학 겸임교수

차경희 전주대학교 교수

부인필지

2010년 1월 20일 초판 인쇄
2010년 1월 25일 초판 발행

원저 빙허각 이씨
편역 이효지 외
펴낸이 류 제 동
펴낸곳 ㈜교 문 사

책임교정 윤정선
본문편집 우은영
표지디자인 반미현
사진 STUDIO BUL 최동혁
제작 김선형
영업 김재광 · 정용섭 · 송기윤

출력 현대미디어
인쇄 동화인쇄
제본 과성제책사

우편번호 413-756
주소 경기도 파주시 교하읍 문발리 출판문화정보산업단지 536-2
전화 031) 955-6111(代)
팩스 031) 955-0955
등록 1960. 10. 28. 제 406-2006-000035호

홈페이지 www.kyomunsa.co.kr
이메일 webmaster@kyomunsa.co.kr

ISBN 978-89-363-1026-4 (93590)

*잘못된 책은 바꿔 드립니다.
값 40,000원